Ravensburger Taschenbücher
Band 180

OTTO MAIER VERLAG
RAVENSBURG
ALFRED HITCHCOCK
SELBERLÖSEN
WER
WAR DER
TÄTER?
JUGENDKRIMIS ZUM

Erstmals 1970 in den Ravensburger Taschenbüchern
Lizenzausgabe mit Genehmigung
der Franckh'schen Verlagshandlung, W. Keller & Co., Stuttgart

Aus dem Amerikanischen übersetzt von Lore Puschert
Titel der Originalausgabe: »Alfred Hitchcock's Solve-Them-Yourself-Mysteries«
Umschlagentwurf und Illustrationen von Stefan Lemke und Marie-Luise Pricken

Gesamtherstellung: Verlag und Druckerei G. J. Manz AG, Dillingen
Printed in Germany

10 9 8 80 79 78 77

ISBN 3-473-39180-8

Inhalt

Einführung

Guten Abend – und willkommen in Alfred Hitchcocks Detektivbüro. Wir möchten die Öffentlichkeit diesmal mit einer Spezialität bekannt machen: einem Buch voll spannender und rätselhafter neuer Geschichten Marke »Do-it-yourself«, zum Selberlösen für alle, die ihre kriminalistischen Fähigkeiten gern an geschickt versteckten Anhaltspunkten erproben.

Doch keine Angst – für euch andere, die ihr dem Übeltäter lieber mit Hörnerklang und »Faßt ihn!« nachsetzt, ist ebenfalls gesorgt. Ihr dürft euch ganz dem Jagdfieber hingeben und die Fährtensuche uns überlassen. Wir werden die Spuren schon ausfindig machen und sie fein säuberlich zusammentragen.

Wäre dies eine Voranzeige meines nächsten Films, so würde ich euch jetzt ein paar verlockende Szenen zeigen. Ihr würdet ein sprechendes Skelett und drei Hexen auf Besenstielen sehen, dazu eine Uhr, die nicht die gegenwärtige, sondern die vergangene Zeit anzeigt. Ihr würdet von einer Schlangenentführung hören, vom gestohlenen Spazierstock eines Zwergs und von einem Paar Riesenschuhe, die sich – wer weiß? – vielleicht von selbst davongemacht haben.

Aber das wäre längst nicht alles. Es gäbe da ferner einen Mann, der sich aus einem fest verschlossenen Raum ins Nichts verflüchtigt, ein Haus, in dem alle Möbel Miniaturmaß haben, und sieben Uhren, die (wenn ich so sagen darf) im gewohnten Schritt gehen – aber haarsträubend falsch.

Im Verlauf der Geschichten werdet ihr feststellen, daß ich gelegentlich zu den Hinweisen, die ihr vielleicht (vielleicht auch nicht) bemerkt habt, meinen Kommentar abgebe. Ich fürchte, ich bekomme es einfach nicht fertig zu schweigen, wenn sich Gelegenheit zum Reden bietet.

Ein letztes Wort noch. Einige meiner begeisterten Leser haben folgendes Experiment gemacht: sie tragen die Geschichte im Familienkreis laut vor, und man wechselt sich im Lesen ab. Wer auf eine Spur stößt, ruft: »Heiß!«, und bekommt dafür einen Punkt. Es folgt eine allgemeine Diskussion darüber, ob es wirklich eine »heiße« Spur ist und wohin sie gegebenenfalls führt.

Dieses gemeinsame Vergnügen – probiert es nur aus! – ist eine prächtige Sache. Nur um eines bitte ich euch: beugt euch dem strengen Gesetz der Krimi-Leser und verratet niemandem den Ausgang, wenn ihr die Geschichten kennt. Macht euren Freunden die Auflösung nicht so leicht – sie sollen das Buch ruhig selbst lesen!

Alfred Hitchcock

Alfred Hitchcock hat das Wort: *Ich glaube bestimmt, daß ihr an einem Zirkus Spaß habt. Als ich ein Junge war – o ja, selbst wenn es euch schwerfällt, das zu glauben: auch ich war einmal ein Junge –, hatte jeder rechte Bursche den Ehrgeiz, entweder beim Zirkus zu landen oder ein Detektiv wie Sherlock Holmes zu werden. Ich konnte mir nie darüber klarwerden, was ich mir am meisten wünschte, und zu guter Letzt — nun, ihr wißt, was aus mir geworden ist. Davon wollen wir hier aber nicht reden. Ihr jedenfalls könnt jetzt beides sein, Detektiv und beim Zirkus, ohne ein einziges Mal aus eurem bequemen Sessel aufzustehen. Paßt gut auf, achtet auf Anhaltspunkte – und nun Manege frei für Jerry Mason!*

Das Rätsel der fünf unheimlichen Diebstähle

Jerry war noch keine dreißig Schritt auf dem ausgefahrenen Feldweg von der Landstraße zu den Zelten und Wohnwagen des Circus Clanton gegangen, als er spürte, daß etwas nicht stimmte.

Er kam nicht vom Haupteingang, sondern von hinten her auf den Zirkus zu, und alles sah ganz genau so aus wie vor einer Stunde, als er mit dem Bus in die Stadt gefahren war, um für seinen Onkel Frank einen Einschreibebrief aufzugeben.

Und doch – irgend etwas stimmte nicht.

Jerry Mason – groß und mager, mit blondem, strubbeligem Haar – ging einer Sache, die ihn beschäftigte, gern auf den Grund. Jetzt blieb er stehen und musterte den kleinen Zirkus genau.

Am weitesten von ihm entfernt stand das Hauptzelt, knallig-bonbonfarben gestreift, wo nachmittags und abends die große Vorstellung stattfand. Von der Zeltspitze wehte eine Fahne, die in lässigem Sichentfalten ihr »Circus Clanton« lesen ließ. Jerry sah sie nie, ohne jähen Stolz zu empfinden. Es war das erste Mal, daß seine Eltern ihn während des Sommers mit dem Zirkus reisen ließen. Und es war der erste Sommer, in dem der Zirkus Onkel Frank richtig gehörte. Frank Mason war jahrelang Mr. Claypoole Clantons rechte Hand und Geschäftsführer gewesen. Aber im vergangenen Winter hatte sich Mr. Clanton zur Ruhe gesetzt, und Jerrys Onkel hatte mit seinen Ersparnissen den Zirkus erworben.

In einem Zirkus gab es eine Menge harter Arbeit – Arbeit, von der die Zuschauer nie etwas ahnten. Als eine Art Handlanger mußte Jerry überall anpacken, wo man ihn brauchte. Zu seinen Aufgaben gehörte auch, daß er seinem Onkel bei der Buchführung half. Als besondere Vergünstigung durfte er in den Clownnummern auftreten. Es war für einen »Manegensäugling«, einen Anfänger, etwas Ungewöhnliches, mit den anderen als Clown auftreten zu dürfen; aber die Älteren hatten nichts gegen Jerry, weil er hilfsbereit und nett war und sich nicht aufdrängte.

Jetzt, nach diesem einen Sommer, kam er sich vor wie ein alter Hase. Sein sehnlichster Wunsch war, auch von den Zirkusleuten für voll genommen zu werden – statt bei den meisten auf die Zurückhaltung zu stoßen, die sie jedem Grünschnabel zeigten.

Jerry sah sich den Zirkus aufmerksam an. Dicht beim Hauptzelt mit der hohen Kuppel stand das blauweiße Zelt für das Beiprogramm, quer dazu das rote Zelt mit der Tierschau. Dann waren da noch das Küchenzelt und das Zelt, worin die Arbeiter schliefen. Und dann kamen die Wohnwagen und die Autos – die kleine Welt des Circus Clanton. Er hatte nur eine einzige Manege, aber in Jerrys Augen war er der beste kleine Zirkus in Amerika.

Insgesamt waren siebenunddreißig mehr oder weniger mitgenommene Wohnwagen in unordentlicher Doppelreihe zwischen Jerrys Standort und der großen Kuppel geparkt. Jerry hatte gleich an seinem ersten Tag im Zirkus die Wagen gezählt. Wenn es der Platz erlaubte, wurden sie im Kreis aufgestellt. Hier in Green City, wo der Festplatz sich nach hinten zu verengte, parkten sie zu beiden Seiten der Zufahrtsstraße. Zu jeder Artistennummer gehörte ein eigener Wagen. Jerry und sein Onkel bewohnten zusammen einen großen Wagen, der dem Zirkus zugleich als Büro diente.

Langsam, immer noch verwirrt, ging Jerry weiter. Nirgends konnte er etwas Außergewöhnliches entdecken. Und doch hatte er das seltsame Gefühl, daß irgend etwas nicht in Ordnung war.

Plötzlich wußte er es: alles war viel zu still.

An einem strahlenden Augustmorgen um diese Zeit müßte es im Zirkus summen wie in einem Bienenstock. Man müßte das Hämmern der Arbeiter hören, wenn sie die Zeltpfähle tiefer in den Boden trieben, das kehlige Räuspern eines Löwen, das Trompeten eines Elefanten, vielstimmige Gespräche und noch ein Dutzend anderer Laute – unverkennbar die eines Zirkusplatzes, der sich für die große Nachmittagsvorstellung rüstet.

Statt dessen war es verhältnismäßig ruhig. Gewiß, man hörte Geräusche – aber die waren weit weg. Und diese Stille ringsum hatte etwas Verhängnisvolles. Spannung lag darin, vielleicht sogar Angst.

Am ersten der parkenden Wohnwagen angekommen, stellte Jerry fest, daß einige der Bewohner vor ihren Wagen standen. Sie blickten alle in dieselbe Richtung – auf die hohe Kuppel oder auf den Wagen seines Onkels, der dicht davor geparkt war.

Mr. Knott stand mit konzentriertem Ausdruck auf dem Rasen. Er war ein Verrenkungskünstler, der als »Mr. Knott, der menschliche Knoten« auftrat. Zufällig stand er gerade auf den Händen; die Beine hatte er so weit nach hinten geschwungen, das die Füße vor den Schultern zu beiden Seiten des Kinns herabhingen. Er war schon seit dreißig Jahren Artist und mußte viel trainieren, um sich die Muskeln geschmeidig zu erhalten.

»Mr. Knott«, sagte Jerry angstvoll, »was ist hier los? Ist etwas passiert?«

Mr. Knott schüttelte kurz den Kopf zum Zeichen, daß er nichts wisse. Dann entrollte er sich langsam und kam wieder auf die Füße zu stehen.

Jerry fing an zu laufen. Drüben auf der anderen Straßenseite war der Wagen von Cowboy Anderson, dem langen, schlaksigen Lassowerfer. Cowboy schleuderte gerade eine Seilschlinge nach einer ziemlich weit entfernten Stange. Zu Jerrys Verwunderung verfehlte er sein Ziel und zog das Seil ein, als hätte er es gar nicht bemerkt. Auch sein Blick war auf den Büro-Wagen gerichtet. Jerry hatte erfahren, daß die Frau des Lassokünstlers krank in einer Klinik lag und er ihr seine ganze Gage schickte.

Der nächste Wagen gehörte Imo und Jimo, dem schweigsamen japanischen Jongleurpaar, das man niemals lächeln sah. Ihre Keulen in den Händen, standen sie da und hatten das Trainieren vergessen. Auch sie blickten den Weg entlang.

Ihnen gegenüber wohnten Achmed und Abdullah, die arabischen Akrobaten. Abdullah verharrte in angespannter Grätschstellung. Auf dem Kopf hielt er eine fast zwei Meter lange Aluminiumstange mit Gummikappen an beiden Enden senkrecht im Gleichgewicht. Oben auf der mehr als armdicken Stange balancierte Achmed auf dem Kopf. Als Jerry näher kam, verlor Achmed das Gleichgewicht und stürzte. In der Luft schlug er einen Salto und landete auf den Füßen. Die Stange fiel mit dumpfem Gepolter nieder, Abdullah fast auf die Zehen. Ein solches Mißgeschick würde bei dem kleinen dunkelhäutigen Mann normalerweise einen zornigen Wortschwall in seiner seltsamen, zischenden Sprache hervorgerufen haben, die tatsächlich Arabisch sein mochte. Aber jetzt schien er gar nichts bemerkt zu haben. Flink hob er die Stange auf und stützte sie mit festem Griff – dann sah er wie die anderen den Weg entlang.

Vor dem nächsten, ungewöhnlich großen Wagen standen Biggo, der Riese aus dem Beiprogramm, und Major Mite, der Liliputaner. Biggo war zwei Meter sechsundvierzig groß und hatte Schuhgröße sechsundfünfzig. Sein langes Gesicht trug ständig einen fragenden Ausdruck.

Neben ihm sah Major Mite wie ein Kind aus. Er maß siebenundneunzig Zentimeter und wog fünfundvierzig Pfund. Diamantfunkelnde Ringe blitzten an den pummeligen Händchen; gekleidet war er wie ein winziges Mannequin. Der Zirkusklatsch wußte zu berichten, daß Kleider und Schmuck ihn tief in Schulden gestürzt hätten. Trotzdem trug er einen Anzug nur wenige Monate und warf ihn dann weg.

Major Mite trat nie ohne sein Stöckchen auf – ein polierter Krückstock, den er anderen Leuten über den Arm hakte, um die Aufmerksamkeit auf sich zu lenken. Er hatte mehrere davon.

Gerade zerrte der Stock ungeduldig an Biggos Ellbogen. »Biggo, du ungehobelter Klotz«, rief Major Mite mit hoher, schriller Stimme, »heb mich hoch! Hier unten sehe ich überhaupt nichts!«

»Gibt auch nichts zu sehen«, brummte Biggo, doch er hielt seine Hände auf. Major Mite stieg hinein, Biggo hob ihn in die Höhe, und Major Mite kletterte auf die breiten Schultern. Dort stand er nun wie auf einem Aussichtsturm und hielt sich an Biggos dickem schwarzem Haar im Gleichgewicht.

»Was ist passiert?« rief Jerry laut. »Ist ein Unglück geschehen?«

Biggo schüttelte den Kopf, worauf Major Mite beinahe die Balance verlor.

»Halt still, du Bulle in Menschengestalt!« kreischte er. »Willst du mich umbringen?« Die beiden lagen ständig im Streit miteinander; aber sie reisten zusammen, und keiner von beiden wurde froh, wenn der andere nicht in seiner Nähe war.

»Es ist Jerry«, sagte der Riese.

»Das seh' ich – ich habe Augen im Kopf, oder?« gab Major Mite erbost zurück.

Er sah auf Jerry nieder. Es befriedigte ihn ungemein, wenn er von Biggos Schultern auf normale Menschen heruntersehen konnte. Wie er zu sagen pflegte, war es recht langweilig, ein Leben lang zu anderen aufsehen zu müssen.

»Wir hörten jemand schreien«, berichtete er Jerry, »aber als wir hier herauskamen, war alles wieder still.«

»Wetten, daß wieder etwas geklaut worden ist?« grollte Biggo. »Wenn das stimmt, gehe ich hier weg. Ich kündige!«

»Oh, nicht doch!« wehrte Major Mite ab. »Erst wenn ich mein Stöckchen wieder habe. Meinen besten Stock, meinen Glücksstock, der mir beim Zirkus zum Durchbruch verholfen hat. Und du willst doch deine Schuhe zurückhaben, oder nicht? Dein bestes Paar maßgearbeitete Schuhe!«

»Ich kündige«, sagte Biggo störrisch. »Laß doch den Stock und die Schuhe.«

Jerry war schon weitergelaufen. Es würde seinen Onkel hart treffen, wenn Biggo und Major Mite den Zirkus verließen. Sie waren eine der beliebtesten Nummern.

Er wollte gerade anfangen zu rennen, als jemand »Jerry!« rief. Sofort hielt er an, drehte sich um und blickte in das runzlige Gesicht, die blinzelnden Augen einer uralten kleinen Frau, die sich hinter einem Wagen versteckt gehalten hatte. Es war Fortunata, die Wahrsagerin, im leuchtend bunten Zigeunerkostüm. Auf ihrem Arm hockte ein zahmer Rabe, der Jerry mit schiefgelegtem Kopf ansah.

»Unheil!« krächzte der schwarze Vogel, der Kassandra hieß. »Ich sehe Unheil!«

»Ruhig«, schalt Fortunata. »Du bist nurr Vogel. Aberr vielleicht« – sie wandte sich an Jerry – »gibt es wieder Unheil. Donna Serpentina hat schlimme Sache errlebt.«

»Die Schlangenbeschwörerin?« fragte Jerry. »Ist sie krank?«

»Unheil!« kreischte Kassandra dazwischen.

»Keine Frau, wenn schrreit so laut, ist krank«, sagte Fortunata; ihr Lächeln schwand. »Schrrecken. Grroßer Schrrekken. Sie ist bei Onkel in Wagen. Ich glaube, wieder etwas ist gestohlen.«

»Himmel – hoffentlich ist das nicht wahr!« rief Jerry. »Ich muß sehen, ob ich Onkel Frank helfen kann.«

Er rannte los zum Wagen seines Onkels, vorbei an den »Sechs fliegenden Ferdinands« mit ihrem berühmten Trapezakt, und an Sabre, dem schweigsamen, düster dreinblickenden Schwertschlucker. Sie alle sahen voll Unbehagen zu dem Wohnwagen hin, aus dem jetzt kein Laut drang.

Jerry stürzte heftig atmend hinein. Sein Onkel Frank saß am Schreibtisch, mit einem grimmigen Ausdruck auf dem wettergebräunten Gesicht. Ihm gegenüber hatte die dickliche Schlangenbeschwörerin Donna Serpentina, genannt »Königin der Schlangen«, Platz genommen. Obwohl sich Donna Serpentina auf ihren grellbunten Reklameplakaten buchstäblich von Schlangen umzingelt sehen ließ, war sie in Wirklichkeit eine reizende Person, die für ihre Freunde Pullover strickte. Im Augenblick war das einzig Ungewöhnliche an ihr die Schlange, die wie ein schwerer Schmuck um ihren linken Arm gewunden war und den Kopf dicht an ihrer Wange hielt.

»Jerry!« rief Donna Serpentina und drehte sich nach ihm um. »Hast du sie gesehen? Sag, daß du weißt, wo mein Liebling Bella ist!«

»Bella?« Jerry kniff die Augen zusammen und versuchte sich jemanden namens Bella zu vergegenwärtigen.

»Meine Schlange – Bella!« Donna Serpentinas Stimme klang erstickt. »Meine herrliche Bella, mit ihrer schönen weißen Haut und der schwarzen Zeichnung, meine treueste Freundin, meine liebste Gefährtin – sie ist mir genommen. Gestohlen!« Sie sprach gern von ihren Schlangen, als seien sie Menschen.

»Gestohlen!« Jerry schluckte und setzte sich. Schon wieder ein rätselhafter Diebstahl! »Wissen Sie es ganz sicher?«

»Das möchte ich eben auch wissen«, sagte Onkel Frank barsch. Er beugte sich vor. »Serpentina, Sie wissen, daß Schlangen durch eine kleine Öffnung entschlüpfen können. Vielleicht ist Bella –«

»Nein! Das ist unmöglich!« jammerte Donna Serpentina. »Es gibt nur ein Fenster, und davor ist dicker Maschendraht. Aber jemand hat den Draht aufgeschnitten und Bella gestohlen. Sehen Sie es sich selbst an!«

Frank Mason erhob sich, Jerry ebenfalls.

»Das tun wir am besten gleich«, sagte Jerrys Onkel. »Serpentina, Sie bleiben hier und beruhigen sich. Wir werden Bella finden, wenn es menschenmöglich ist.«

Sie ließen die Frau zurück und traten hinter den Wagen. Die Blicke, die auf sie gerichtet waren, kümmerten sie nicht. »Jerry, das ist eine üble Sache«, sagte der Onkel, als sie auf den olivgrünen Wagen mit der Aufschrift »Donna Serpentina« zugingen. »Ich frage mich, ob wir einen Irren hier im Zirkus haben. Vor fünf Nächten stahl jemand Biggos bestes Paar Schuhe. In der Nacht darauf wurde Major Mites Glücksstöckchen gestohlen. Die nächste Nacht verschwand Cowboy Andersons siegreiches Lasso, und dann holten sie eines von Sabres Schwertern. Und nun eine Schlange! Was kann das nur bedeuten?«

Jerry schwieg. Er versuchte sich – vergeblich – vorzustellen, weshalb jemand ein solches Sammelsurium im Grunde wertloser Dinge stehlen mochte. Auch war ihm eingefallen, was Onkel Frank nicht erwähnt hatte – der Diebstahl des Diamanten »Grünes Feuer«. Der Stein war fast 100 000 Dollar wert und vor fünf Tagen, als der Zirkus in Millerton gastiert hatte, aus dem Museum der Stadt gestohlen worden. Jerry kam jedoch nicht dazu, weitere Überlegungen zu den vorausgegangenen Diebstählen anzustellen, denn sie waren an Donna Serpentinas Wagen angekommen.

Onkel Frank ging als erster das Treppchen hinauf und trat mit eingezogenem Kopf ein. Sie durchschritten die als behagliche Wohnecke eingerichtete vordere Hälfte des Wageninnern und wandten sich dem rückwärtigen Raum zu. Eine Metalltür trennte ihn ab; dahinter folgte eine weitere Tür aus starkem Maschendraht, und auf der anderen Seite standen sieben oder acht Glasbehälter mit zusammengerollten Schlangen in mannigfaltigem Farbenspiel.

Eines der Tiere, eine ansehnliche Felspython, reckte den Kopf. Jerry hatte in Gegenwart der Schlangen früher stets Unbehagen empfunden, aber er hatte bald gelernt, daß sie alle zu den harmlosen Arten gehörten und ganz zahm waren.

Frank Mason schaute sich rasch um.

»Sie hat recht«, sagte er zu Jerry. »Bella hätte hier nicht entwischen können. Serpentina hält ihre Lieblinge hinter Schloß und Riegel, weil so viele Leute den Schlangen nicht trauen. Schau mal – hier ist der Draht über dem Lüftungsfenster aufgeschnitten.«

Das einzige Fensterchen, weniger als 40 Zentimeter im Quadrat, befand sich ganz oben an der Rückwand des Wagens. Der Maschendraht darüber war am Rahmen entlang aufgeschnitten worden.

»Sehen wir uns die Sache von außen an«, sagte Jerrys Onkel.

Draußen stellten sie fest, daß das hochgelegene Fenster noch über Frank Masons Kopf lag.

»Stell dich auf meine Schultern und schau 'rein«, gebot er. Aber als er seine Hände für Jerry zu einem Steigbügel formte, entfuhr dem Jungen ein erstaunter Ausruf.

»Sieh nur!« sagte cr.

Da – unmittelbar unter dem Fenster zeichnete sich im sandigen Boden eine Fußspur ab. Es war ein riesenhafter Abdruck, fast doppelt so groß wie der eines normalen Menschen.

»Biggos Fußabdruck!« sagte der Onkel. »Der Riese war gestern abend hier.«

»Oder –« Jerry hielt inne. Er wußte nicht genau, was er jetzt denken sollte. »Ich will sehen, ob ich nicht an diesem Fenster noch mehr Spuren finde.«

Der Mann hob ihn in die Höhe; Jerry verschaffte sich einen Halt und sah durch das Fenster in den Wagen. Das Drahtgewebe war an den Seiten und an der Unterkante aufgeschnitten worden, so daß man es nach innen drücken konnte. Jerry zwängte Kopf und Schultern hindurch. Unter ihm, doch außer Reichweite, waren die Schlangen – und ein leerer Glasbehälter, in dem zweifellos die schöne Bella gelegen hatte, als ihr Entführer gekommen war. Nirgends fand Jerry jedoch Anzeichen von Gewaltanwendung, und weitere Spuren waren ebenfalls nicht zu sehen.

Er zog den Kopf zurück und ließ sich zu Boden gleiten.

»Na?« fragte Onkel Frank.

»Biggo kann es nicht gewesen sein«, sagte Jerry. »Er wäre nicht mit den Schultern durchs Fenster gekommen. Und überhaupt mag er Schlangen nicht, es gruselt ihn davor.«

»Natürlich ist Biggo für das Fenster zu groß«, gab Onkel Frank scharf zurück, »aber Major Mite nicht! Du hast ihn doch auch auf Biggos Schultern reiten sehen. Er könnte sich leicht zum Fenster hineinlehnen.«

»Aber seine Arme sind viel zu kurz«, hielt Jerry dagegen. »Er konnte Bella ja gar nicht zu fassen bekommen.«

Der Onkel nagte an der Unterlippe. »Sein Stöckchen!« sagte er dann. »Er packt damit immer die Leute. Also könnte er auch Bella mit der Krücke geangelt und heraufgezogen haben. So muß es gewesen sein. Biggo und der Zwerg in Gemeinschaftsarbeit!«

»Aber Onkel Frank!« protestierte Jerry. »Biggo wurde doch ein Paar Schuhe gestohlen – und dem Major sein Talisman. Sie waren beide ganz außer sich. Jemand könnte für den Diebstahl die großen Schuhe angezogen und den Stock benutzt haben, um uns auf eine falsche Spur zu locken.«

Wieder biß sich der Onkel auf die Lippe; er sah besorgt aus. Es mochte den Anschein haben, als seien diese Diebereien – ein Paar Riesenschuhe, ein Stock, ein Lasso und ein altes Schwert, und nun noch die Schlange – nicht ernst zu nehmen, doch das war falsch. Das Ernste daran war, daß die scheinbar sinnlosen Diebstähle eine Atmosphäre der Unruhe und Furcht erzeugt hatten, welche die kleine Welt des Circus Clanton in ihren Bann geschlagen hatte.

»Du magst recht haben«, gab er schließlich zu. »Aber vielleicht haben Biggo und der Major nur behauptet, die Schuhe und der Stock seien gestohlen worden.«

»Und was ist dann mit Cowboy Andersons Lasso? Und Sabres Schwert?« fragte Jerry.

»Der Kleine könnte sich in ihre Wagen geschlichen und die Dinge selbst gestohlen haben«, warf der Onkel ein. »Ich wette, daß der Draht hier mit dem Schwert aufgeschlitzt wurde. Und mit dem Lasso ist vielleicht die Kiste mit Bella, oder der Koffer oder was es sonst sein mag, verschnürt worden.«

»Aber warum nur?« fragte Jerry, der nicht glauben wollte, daß Biggo und Major Mite schuldig sein könnten.

»Das weiß ich nicht. Vielleicht wollten sie den Versicherungsdetektiv zum Narren halten. Oder die Sache mit dem gestohlenen Diamanten von Millerton vertuschen. Das Motiv werden wir erfahren, wenn wir die Schlange finden. Ich lasse den Zirkus Zoll für Zoll durchsuchen, vom Küchenzelt bis zur Kuppel. Und den Wagen von Biggo und Major Mite werde ich mir ganz speziell vornehmen!«

»Laß sie nicht merken, daß du sie verdächtigst«, bat Jerry. »Biggo hat schon von Kündigen gesprochen. Er ist ganz durcheinander.«

»Das sind wir alle«, sagte der Onkel. Mit langen Schritten ging er zum Bürowagen zurück. »Und wenn wir Bella nicht finden, werden uns viele im Stich lassen – vielleicht so viele, daß wir nicht mehr spielen können. Diese Sache muß aufgeklärt werden, sonst kann ich das Geld, das ich in den Zirkus gesteckt habe, in den Kamin schreiben.«

Als sie zum Wagen zurückkamen, sprach Donna Serpentina mit zärtlichem Gurren zu der Schlange an ihrem linken Arm. Sie sah hoffnungsvoll auf.

»Habt ihr Bella gefunden?« fragte sie.

»Nein, aber wir werden sie finden«, antwortete Frank Mason zuversichtlich. »Wie groß war sie eigentlich?«

»Eins achtzig vom Scheitel bis zur Sohle – wenn sie Sohlen hätte«, sagte Serpentina. »Durchmesser neun Zentimeter. Und von all meinen Schlangen war sie die gemütvollste. Natürlich wird sie langsam alt, und ich lasse sie nicht mehr auftreten. Aber ich habe sie immer noch gern.«

»Wir werden weitersuchen«, versprach der Zirkusdirektor. »Gehen Sie nun zum Wagen zurück und machen Sie sich für die Abendvorstellung fertig.«

»Ich werde Hercules, die große Python, baden«, beschloß Serpentina im Hinausgehen. »Und ich werde ein paar Eier für meine Lieblinge kochen. Eigentlich sollten sie vor Sonntag nichts mehr bekommen, aber wenn ich sie heute füttere, kommen wir alle besser über Bellas Verschwinden hinweg.«

Sie ging. Jerrys Onkel holte tief Atem. »Was sie für diese Schlange empfindet, wäre komisch, wenn sie es nicht so ernst meinte«, sagte er. »Jerry, bitte sieh zu, daß du den Detektiv Parker findest, und schick ihn her. Ich will Jack Farrell und ein paar andere holen, denen ich vertrauen kann, und Suchtrupps aufstellen. Wir werden überall nachsehen, wo eine große Schlange wie Bella versteckt sein könnte. Wir müssen sie einfach finden.«

»Ich hole Parker. Darf ich suchen helfen, Onkel Frank?«

»Tut mir leid, Jerry. Wir werden bis zum Beginn der Vorstellung beschäftigt sein. Mir ist wichtig, daß du ein Auge auf das Büro hast. Hol dir auf dem Rückweg aus der Küche etwas zu essen.«

Als Jerry in die helle Sonne hinaustrat, spürte er, daß sich in der Atmosphäre des Circus Clanton abermals etwas Ungreifbares verändert hatte. Es war wieder geräuschvoll – doch hinter dem Lärm schien sich Nervosität zu verbergen. Zweifellos wußte jetzt jeder einzelne auf dem Platz, daß eine von Serpentinas Schlangen gestohlen worden war; jedermann redete über den Diebstahl und rätselte an seiner Bedeutung herum. Viele, zum Beispiel Biggo, waren heillos verwirrt, denn Zirkusleute – das hatte Jerry bemerkt – neigten zu Stimmungsumschwüngen, zu Hexen- und Geisterglauben. Wie sein Onkel gesagt hatte: wenn der Zirkus als behext verschrien wurde, dann bedeutete das sein Ende.

In diesem Augenblick beschloß Jerry, sich an die Lösung des seltsamen Rätsels zu machen. Wie, war ihm noch nicht klar, aber er würde es schaffen.

Hm. Verzeiht, daß ich einen Blick über eure Schulter werfe, aber ich stelle fest, daß Jerry jetzt entschlossen ist, das Rätsel der unheimlichen Diebstähle zu lösen. Ich frage mich, ob ihr euch das nicht schon vorher zugetraut hättet. Wenn ihr die Lösung schon gefunden haben solltet, wäre ich natürlich ziemlich

sprachlos. Aber so viele von euch behaupten, den Ausgang meiner besten Fernsehkrimis im voraus erraten zu können, daß ich gelernt habe, die Phantasie meines jungen Publikums nicht zu unterschätzen. Wenn ihr aber noch nicht ganz soweit seid, um den richtigen Tätern die Handschellen anzulegen, so rate ich euch dringend, von nun an scharf aufzupassen. Ja, und es könnte nichts schaden, die Ereignisse bis hierher nochmals durchzugehen. Es liegen bereits mindestens zwei wichtige Hinweise vor.

Im Küchenzelt fand Jerry endlich Mr. Parker. Der Versicherungsdetektiv war nach dem Verschwinden des großen Diamanten »Grünes Feuer« in Millerton zum Zirkus gestoßen. Parker, ein mageres Männchen mit spärlichem Haarwuchs und großen Ohren, gab sich als Journalist aus, der Material für eine Reportage über das Zirkusleben sammelt. Gern saß er in der Küche und hörte Paddy O'Reilly sein Garn spinnen. Paddy war früher in einem Kraftakt aufgetreten, aber er schätzte gutes Essen so sehr, daß er fürchterlich dick wurde. So sattelte er vom Kraftmensch zum Koch um und mußte nun keiner Leckerei mehr entsagen.

Parker saß an einem Tisch und trank Kaffee, während ihm Paddy von der guten alten Zeit erzählte.

»'s ist etwas Trauriges, den Zirkus hierzulande so nach und nach aussterben zu sehen«, sagte Paddy gerade bekümmert. »Als ich ein Junge war und noch nicht lange Sägemehl unter den Füßen hatte – ich meine, beim Zirkus war«, fügte er hinzu, als Parker sich eifrig Notizen machte, »da gab's bei jedem Zirkus 'ne Menge Langfinger. Wir hatten immer die sogenannten Montagsleute mit dabei. Diese Burschen waren Diebe – ich weiß, was ich sage –, aber sie durften nur in den Städten, wo wir spielten, von den Wäscheleinen klauen. Beim Circus Clanton ist das anders. Da wird sonntags noch zur Kirche gegangen – da hat nie einer was mitlaufen lassen. Deshalb werden Sie den Kerl, der den Diamanten gestohlen hat, beim Circus Clanton nicht finden.«

»Woher wissen Sie, daß ich den Diamanten suche?« fragte Parker verwirrt. Er hielt seine Maske für vollkommen, obwohl jedermann beim Zirkus längst erraten hatte, was er hier wollte. Paddy sah verdutzt drein, aber er mußte nicht mehr antworten: Parker hatte Jerry erblickt und sprang auf.

»Hallo, Junge«, sagte er. »Mit dir möchte ich reden.«

Das kam Jerry gerade recht. Er holte sich einen Teller Eintopf und setzte sich mit dem Detektiv ans andere Ende der Bank, wo niemand sie belauschen konnte.

»Hör zu, Junge«, sagte Parker, »ich mache dir einen Vorschlag. Du kommst doch im Zirkus herum und hörst die Leute reden. Vielleicht ahnst du auch schon, wer das ›Grüne Feuer‹ aus dem Museum in Millerton gestohlen haben könnte.« Er seufzte. »Ich bringe die Leute nicht zum Reden. Wahrscheinlich haben sie herausbekommen, daß ich ein Detektiv bin. Aber wenn du mir helfen kannst, den Stein wieder beizubringen, gebe ich dir von der Belohnung die Hälfte ab. Fünftausend Dollar – oder Piepen, wie ihr vom Zirkus es nennt.«

»Ich weiß«, sagte Jerry, der krampfhaft überlegte. Wäre Parker ein besserer Detektiv, so hätte er bedacht, daß Jerry für die meisten Leute beim Circus Clanton immer noch der Grünschnabel war. Ihr Vertrauen würde er erst gewinnen, wenn er lange genug dabei war, um zu den Alten zu zählen. Oder wenn ihm eine besondere Tat glückte, mit der er beweisen konnte, daß er dazugehörte – daß er wirklich einer von ihnen war.

Wenn aber einer vom Zirkus den Diamanten gestohlen hatte, so wollte Jerry den Diebstahl auch entdeckt wissen, um den guten Namen des Unternehmens wieder reinzuwaschen.

»Warum sind Sie so sicher, daß jemand vom Zirkus das ›Grüne Feuer‹ gestohlen hat?« wollte er wissen.

»Weil es einleuchtet«, sagte Parker ohne Zögern. »Schau, Junge, der Festplatz in Millerton ist vom Museum nur ein paar hundert Meter entfernt. Am letzten Samstag früh, während ihr beim Zeltaufbau wart, kletterte jemand an der hinteren Museumsmauer im Efeu hoch, stieg im zweiten

Stock durch ein Fenster ein und brach die Glasvitrine auf, worin das ›Grüne Feuer‹ mit vielen anderen Exemplaren feiner orientalischer Juwelierkunst ausgestellt war. Der Diamant saß in der Mitte einer großen goldenen Brosche aus Indien – und nur dieses Stück nahm der Dieb mit. Es war Expertenarbeit – ein Amateur würde auch von dem übrigen Zeug etwas eingesteckt haben. Aber der Diamant war das einzige Wertobjekt, das ein Dieb absetzen könnte.«

»Ja, und Sie und die Polizei zogen sofort den Schluß, daß es jemand vom Zirkus getan habe«, gab Jerry zurück. »Und die Polizei rückte aus und durchsuchte hier alles – jedes Zelt, jedes Fahrzeug, jeden Wohnwagen und uns alle noch obendrein. Wir mußten die Nachmittagsvorstellung absagen, und Onkel Frank hat dabei viel Geld verloren. Und alle waren nicht schlecht verärgert.«

»Außer einem – und der hatte Angst«, erwiderte Parker. »Dieser eine brach den Stein aus der Goldfassung, und die warf er ins Gebüsch. Die Polizei fand sie gleich neben den Zelten. Natürlich ließ sich der Diamant viel leichter verstecken als die große goldene Brosche. Und deshalb bin ich hier – weil die Polizei ihn nicht gefunden hat. Ich bin überzeugt, daß der Dieb hier auf dem Gelände ist und den Stein in Reichweite hat.«

»Ich fürchte, Sie haben recht«, sagte Jerry widerwillig. »Ich will Ihnen helfen, wenn Sie –«

»Großartig, Junge«, sagte Parker herzlich. »Jetzt hör zu, was ich –«

»Einen Augenblick, bitte – lassen Sie mich ausreden. Ich wollte sagen, daß ich Ihnen helfe, wenn Sie uns helfen, Bella zu finden.«

»Bella? Wer ist denn das?«

»Bella ist eine Schlange. Sie gehört Donna Serpentina.«

»Eine Schlange! Um Himmels willen! Ich gebe mich nicht mit Schlangen ab. Wenn ihr Burschen hier eine Giftschlange frei herumkriechen laßt –«

»Keine von Donna Serpentinas Schlangen ist giftig«, erklärte Jerry. »Bella wurde gestohlen – genau wie die Schuhe des Riesen, das Stöckchen des Liliputaners, Cowboys Lasso und das Schwert des Schwertschluckers.«

»Komischer Spaßvogel das«, sagte Parker düster. »Ich passe. Ich überwache Menschen und keine Schlangen.«

»Hören Sie, Mr. Parker«, sagte Jerry, der allmählich die Geduld verlor, »mein Onkel läßt Bellas wegen den Zirkus durchsuchen. Er möchte, daß Sie ihm helfen. Damit bekommen Sie wieder eine Gelegenheit, nach dem Diamanten zu suchen. Da sie Detektiv sind, denken Sie vielleicht an mögliche Verstecke, auf die Onkel Franks Leute nicht kommen würden.«

»Das ist etwas anderes«, gab Parker zu. Er rieb sich das Kinn. »Beschreibe mir die gesuchte Person – ich meine Schlange.«

»Ein Meter achtzig lang, größter Durchmesser neun Zentimeter, schwarze Zeichnung auf weißem Grund, sehr sanftmütiges Wesen«, sagte Jerry. »Na ja, sie ist schon recht alt und nicht mehr die Schnellste.«

»Hmm.« Parker ließ den Blick durch das Zelt huschen. »Das ist mal etwas Neues. Ein Schlangenraub. Wo würdest denn du eine Schlange verstecken? Was meinst du: sie würde gerade in einen Autoreifen passen, zusammengerollt natürlich. Oder vielleicht in einen zusammengerollten Feuerwehrschlauch.«

»Sie dürfte eher in einer Schachtel oder einem Korb oder Koffer sein«, meinte Jerry. »Na, egal. Onkel Frank will alles durchsuchen lassen. Sie melden sich am besten bei ihm.«

Der Detektiv eilte davon, und Jerry beendete trübsinnig seine Mahlzeit. Einige Artisten waren nach und nach zu einem verfrühten Mittagessen hereingekommen, und die Nachricht von Bellas Raub und der bevorstehenden Razzia war schon in aller Munde. Paddy kam zu Jerry herüber, als der gerade fertig war.

»Nun ist also eine Schlange weg«, sagte Paddy entrüstet. »Jerry, das gefällt mir nicht. Das gefällt mir ganz und gar nicht. Und was hört man da – wir sollten mal wieder alle gefilzt werden?«

Jerry nickte. »Wir müssen Bella finden.«

»Na, wenigstens werden sie die Dame nicht in meinen Kühltruhen suchen – in einen Eisblock eingefroren oder so«, murrte Paddy. »Dieser Oberinspektor – der packte mir in Millerton das ganze Eis 'raus. Und auf einmal war ein Korb mit harten Eiern weg. Und jetzt das gleiche noch mal? Jerry, ich habe erlebt, wie eine gute Zirkustruppe wegen was Harmloserem aufgeflogen ist.«

Jerry nickte bedrückt und machte sich auf den Rückweg zum Bürowagen. Er war so in Gedanken versunken, daß er von dem geschäftigen Treiben um sich her kaum etwas sah oder hörte, bis ihn eine Hand am Ellbogen berührte.

»Jerry.«

»Ach, Fortunata.« Die Zigeunerin, die Wahrsagerin, hatte ihn aufgehalten. Von Fortunatas Arm starrte die perläugige Kassandra Jerry an.

»Unheil!« krächzte der Vogel. »Böse Tat – Unheil naht!«

»Das brrauchst du uns nicht zu sagen«, schalt Fortunata. »Jerry, du siehst sorrgenvoll aus.«

»Ich habe Sorgen.« Jerry berichtete ihr, was Parker gesagt hatte.

»Laß die Hoffnung nicht fahrren«, sagte Fortunata. Sie nahm Jerry beim Arm. »Komm, Kassandra will wahrsagen.«

Sie ging voran zu ihrem Zelt. Drin stand ein Holztisch mit sechs Käfigen übereinander. In jedem Käfig lag eine Schachtel mit zusammengefalteten Zettelchen, die säuberlich dicht nebeneinander hineingesteckt worden waren. Die Zigeunerin setzte Kassandra auf den Tisch, und der Vogel wartete aufmerksam.

»Kassandra will Geld«, kicherte Fortunata. »Wahrrsagen umsonst ist nichts wert. Muß bezahlt werrden.«

Jerry fischte in seiner Tasche und fand eine Münze. Der Vogel packte sie mit dem Schnabel, ging über den Tisch und warf sie in eine grüne Schale. Dann kletterte er an einem schrägen Brett zu den Käfigen hoch. Er wollte gerade zum mittleren Käfig hinein, als Fortunata pfiff. Kassandra tippelte flugs weiter bis zum obersten Käfig, schlüpfte hinein, pickte eines der gefalteten Papierchen heraus und brachte es Jerry im Schnabel. Jerry nahm den Zettel mit einem seltsamen Gefühl entgegen und las, was darauf stand. Der Spruch lautete: »Geradliniges Denken führt dich zum Ziel.«

»Brringt Zukunft Guttes?« fragte Fortunata mit einem Augenzwinkern.

Jerry nickte zweifelnd. »Ich glaube, es ist ein guter Rat«, sagte er. »Ich verstehe allerdings nicht, wie er mir in dieser üblen Sache helfen könnte.«

»Kassandra gibt immer guten Rat. Du mußt nachdenken, Jerry.«

Wenn ihr mir die Einmischung verzeiht, darf ich vielleicht vorschlagen, daß wir alle eine Minute lang Pause machen. Aber keine Müdigkeit vorschützen – denkt mal scharf über Jerrys Schicksalsspruch nach. Ich habe das Gefühl, als versuchten Fortunata und Kassandra Jerry auf etwas hinzuweisen. Ja, worauf wohl . . .? Doch zurück zu unserer Geschichte.

Jerry fand den Bürowagen leer. Sein Onkel war fort, auf der Suche nach Bella. Jerry ließ sich in den Sessel hinter dem Schreibtisch fallen. In seinem Kopf jagten sich die Gedanken im Kreis. Plötzlich griff er nach Papier und Bleistift und begann zu schreiben. Er brachte gern Ordnung in seine Gedanken; dazu war Aufschreiben nützlich. Vielleicht war dies die Bedeutung von Kassandras Orakel »Geradliniges Denken« gewesen.

Einige Minuten später hielt er inne und las, was er geschrieben hatte:

»Gestohlene Gegenstände:

1. Ein wertvoller Diamant
2. Ein Paar Riesenschuhe
3. Ein Liliputstock
4. Ein Lasso
5. Ein Schwert
6. Eine Schlange

Frage: Hat dieselbe Person alle genannten Dinge gestohlen? Wenn ja, warum? Welche Verbindung besteht zwischen dem Diamanten, den Schuhen und den anderen Dingen? Oder gibt es nur zwischen gewissen Dingen eine Verbindung und zwischen anderen nicht?«

Jerry starrte das Papier an. Den Diamantendiebstahl konnte er begreifen. Aber die übrigen fünf Diebstähle waren so sinnlos, daß sie irgendwie unheimlich schienen. Fünf unheimliche Diebstähle! Dann fiel ihm seine Unterhaltung mit Paddy wieder ein. Er kritzelte noch eine Zeile hinzu:

»Ferner wird vermißt: ein Korb mit harten Eiern.«

Das verwirrte ihn noch mehr, obwohl die Eier wahrscheinlich jemand gestohlen hatte, der einfach hungrig war.

Jerry grübelte verzweifelt über des Rätsels Lösung nach, als sein Onkel hereinkam. Er sah niedergeschlagen aus.

»Die Schlange haben wir nicht gefunden«, sagte er wütend. »Dabei haben wir den Zirkus von unten nach oben gekehrt. Wir durchsuchten jeden Koffer, jede Tasche – jedes Eckchen, wo eine Schlange stecken könnte. Und der Detektiv, dieser Parker! Der Kerl ist ein Idiot! Er wollte in allen Ersatzreifen nachsehen, in der großen Trommel der Kapelle und in den Podesten, auf denen die Elefanten beim Balanceakt stehen. Und Paddy ging fast auf ihn los, als Parker in seinen Mehl- und Zuckersäcken herumzustochern begann.«

Die Erinnerung daran ließ ihn kurz auflachen. Dann schüttelte er den Kopf.

»Ich weiß einfach nicht, was ich von der Sache halten soll, Jerry. In all den Jahren, seit ich beim Zirkus bin, ist nie so etwas Blödsinniges passiert. Wir sind alle fertig mit den Nerven. Das letzte Mal, daß es eine ähnliche allgemeine Tiefstimmung gab, war 1950, kurz vor dem Wirbelsturm. Wir blieben auch nicht verschont und verloren die Hälfte unserer Tiere. Nun ... wir können nichts tun als weiterspielen. Ich muß mich jetzt fertigmachen für die Nachmittagsvorstellung. Wir müssen uns beeilen, aber –«

Auf ein Klopfen an der Tür wandte er sich um. Jack Farrell, der Geschäftsführer, ein großer rothaariger Mann, trat ein. Auf Jacks sonst so gutmütigem Gesicht lag ein merkwürdiger Ausdruck.

»Tja, wir haben sie gefunden«, sagte er.

»Wen – Bella?« fragte Jerrys Onkel.

»Nein, nicht Bella. Aber die anderen Sachen. Die Schuhe, den Stock und den Kram.«

»Wo?«

»Hinter dem Küchenzelt war alles vergraben. Einem meiner Leute fiel auf, daß dort jemand gegraben hatte, er rief mich hinzu und – na, das müssen Sie sich selbst ansehen, genau wie wir es vorgefunden haben.«

Verwundert folgte ihm Frank Mason. Jerry lief hinterdrein – er mußte erfahren, was einen Mann wie Jack Farrell so aus der Ruhe bringen konnte.

Auf dem Zirkusgelände summte es vor geschäftigem Umtrieb. Die ersten Besucher aus der Stadt waren angekommen, kauften Luftballons und Zuckerwatte und sahen sich die Tierschau und das Beiprogramm im kleinen Zelt an. Im großen Kuppelzelt liefen die letzten Vorbereitungen für die Vorstellung. Jack führte Jerry und seinen Onkel erst um die Wohnwagen herum, dann hinter das Küchenzelt, wo ein paar Handlanger ein auf dem Boden ausgebreitetes Tuch betrachteten.

»Da, Mr. Mason«, sagte Jack und hob das Tuch. Darunter, in einer Erdmulde, befand sich ein schmales schwarzes Kästchen, das genau wie ein Miniatursarg aussah. Durch den Deckel hineingetrieben — so daß nur noch der Griff herausragte — war das vermißte Schwert des Schwertschluckers.

»Hol's der Teufel!« rief der Onkel, aber Jack hatte die Kiste schon aufgenommen. Er zog das Schwert heraus und hob den Deckel. Jerry reckte sich auf die Zehenspitzen, um hineinsehen zu können. Ein sonderbarer Schauer des Entsetzens durchrieselte ihn.

In dem Miniatursarg lagen Biggos abhanden gekommene Schuhe – von einer scharfen Klinge zerschnitten und zerhackt. Darüber verstreut waren die Teile des gestohlenen Stocks von Major Mite. Er war in ein Dutzend kleiner Stücke gebrochen worden. Daneben lag Cowboys Lasso, zu einem Galgenstrick geknotet. In der Schlinge steckte eine Puppe aus Lumpen. Auf einen Arm war das grobe Abbild einer Schlange gemalt – offensichtlich sollte dies ein Porträt von Donna Serpentina sein.

Das Ganze sah aus, als bedrohe jemand durch das Vergraben der Gegenstände das Leben ihrer Eigentümer.

»Schafft das Zeug weg!« sagte Frank Mason in scharfem Ton. Er war weiß im Gesicht. »Redet mit keinem darüber.«

Jack schlug das Tuch um die schwarze Kiste. »Ich fürchte, es ist zu spät.« Seine Stimme klang sachlich. »Ein paar Leute haben uns beim Ausgraben zugesehen, und jetzt ist die Geschichte wahrscheinlich schon überall herum.«

»Auf, Leute!« ordnete Frank Mason an. »Zurück an die Arbeit. Jack, komm mit – wir müssen die Sache besprechen. Jerry, du machst dich für deine Nummer fertig.«

»Ja, Onkel Frank«, sagte Jerry; seine Gedanken kreisten um den sonderbar bestürzenden Inhalt der vergrabenen Kiste. Er wollte, er könnte mit seinem Onkel ein paar Worte reden. Niemand hatte ausgesprochen, daß von allen gestohlenen Dingen aus dem Zirkus nur noch die Schlange Bella fehlte. Warum sollte der Täter die anderen Gegenstände derart vergraben, daß sie entdeckt werden konnten – nur eben nicht die Schlange? Hatte der Dieb etwa gewollt, daß die schwarze Kiste und ihr Inhalt gefunden würden? Für Jerry sah es so aus. Doch warum? Was kam dabei heraus – außer daß jedermann vollends den Kopf verlor und womöglich den Zirkus verließ?

Versuchte jemand, das Unternehmen zu ruinieren?

Die Frage beschäftigte ihn auf dem ganzen Weg zum Zelt, wo sich die Clowns maskierten. Jacques, der Oberclown, ein prachtvoller Pantomimenkünstler und wahrscheinlich der bestbezahlte Mann im Zirkus, schminkte und verkleidete sich gerade als trauriger Landstreicher. Jerry gegenüber verhielt er sich zurückhaltend, jedoch nicht unfreundlich, wie es seinem Rang als Zirkusaristokrat zukam.

»Du kommst spät, Junge«, sagte er.

»Ja, Mr. Jacques«, antwortete Jerry atemlos. Er zog ein rot-weißes Clownkostüm an; dann begann er sich zu schminken. Er färbte sich die Nase rot, malte sich weiße Scheiben um die Augen und einen riesigen roten Mund mit weißem Ring. Es war eine ganz einfache Maske. Falls er beim Zirkus blieb, würden noch Jahre hingehen, ehe er hoffen konnte, seine eigene Nummer und seine eigene Maske zu haben.

»Nächstes Jahr, Mr. Jacques«, fing er an, »darf ich doch wieder als Clown mitmachen? Ich weiß, daß ich noch viel zu jung bin, aber wenn Sie und die anderen Clowns nichts gegen mich haben – also, ich wäre gern wieder dabei.«

»Hmm.« Jacques setzte sich eine Perücke auf, aus der später Knallfrösche springen würden. »Wenn es ein nächstes Jahr gibt. Für dieses Programm.« Er steckte eine lebende Ente in die Tasche, die später überraschend herausspringen würde. »Jetzt ist die Geschichte mit dem kleinen Sarg und den Schuhen und dem anderen Zeug schon überall herum. Jeder ist ein Nervenbündel. Und viele glauben, daß jemand den Zirkus behexen will.«

»Oh – nein!« sagte Jerry bestürzt.

»Ein paar von den Leuten würden am liebsten sofort davonlaufen. Zuerst mal Biggo und Major Mite, dann Donna Serpentina, und Cowboy Anderson ist auch schon soweit. Von den übrigen wird die Hälfte sich fürs nächste Jahr nicht wieder engagieren lassen, wenn sie erst überzeugt sind, daß mit dem Zirkus etwas nicht stimmt.«

Schweigend schminkte sich Jerry fertig. Freilich, irgend jemand stiftete Unruhe im Zirkus durch die sonderbaren Diebstähle und die höchst verwirrende Art, das Diebesgut zu vergraben. Aber er war überzeugt, daß der Schuldige noch ein tieferliegendes Motiv hatte. Nur – welches?

Er war auf der Suche nach einer Erklärung noch nicht weitergekommen, als er von der Kapelle die vertraute Musik hörte. Hinter Jacques und den anderen Clowns sprang er in das große Zelt.

In der folgenden Stunde war Jerry zu sehr beschäftigt, um nachdenken zu können. Beim Einzug der Clowns schlug er

Rad und Purzelbäume – darin war er Meister. Als die anderen Clowns ihre Hauptnummer brachten, blieb er im Hintergrund.

Während die Auftritte der anderen Artisten abliefen, hielten sich die Clowns unauffällig bereit, um bei Zwischenfällen einzuspringen. Beim Circus Clanton war das Tradition: wenn eine Nummer nicht klappte, wenn ein Unfall passierte oder die Vorstellung sonst irgendwie gestört wurde, sprangen die Clowns in die Bresche und lenkten das Publikum ab.

Heute ging die Vorstellung nicht glatt; es war die schlechteste, die Jerry je gesehen hatte. Mit jeder Minute spürte er die steigende Nervosität der Zirkusleute. Sie übertrug sich sogar auf die Tiere. Old Mom, die Führerin der Elefantenherde, weigerte sich, ihre Tanznummer aufzuführen, und als Old Mom nicht wollte, wollte auch keiner der anderen. Bei der großen Raubtiernummer vergaßen die Löwen ihre Dressur und fingen miteinander zu kämpfen an, bis man sie trennte.

Imo und Jimo, die geschickten japanischen Jongleure, begannen einander ihre brennenden Fackeln zuzuwerfen; den Trick beherrschten sie sonst mit verbundenen Augen. Aber heute wurden sie unsicher, und Imo verbrannte sich schwer an einer Fackel, die er verfehlte.

Jerry vertuschte das Mißgeschick, indem er radschlagend in die Manege purzelte, bis Achmed und Abdullah eilends mit ihrer Geschicklichkeitsakrobatik auftraten. Bei ihren Darbietungen hielt das Publikum den Atem an, aber auch sie zeigten Zeichen der allgemeinen Nervosität, als sie ihre große Nummer wagten: Achmed stand kopf auf der Spitze des fast zwei Meter langen Aluminiumrohrs, das Abdullah auf dem Kopfe balancierte. Noch ehe er recht in Positur war, verlor Achmed das Gleichgewicht und stürzte schwer. Die Metallstange plumpste dumpf auf ihn nieder.

Jerry starrte verdutzt hin; er fühlte sich an etwas erinnert. Dann half er den anderen Clowns, die Zuschauer erneut abzulenken. Er hörte die beiden Araber einander böse Worte zuzischen, als sie hinausliefen, doch dann bewunderte er Jacques' Gauklerkunst, der in einer vollendeten Pantomime zwei Akrobaten in einer Person darstellte. Er balancierte so täuschend ähnlich einen unsichtbaren Partner auf einer langen Stange hoch über seinem Kopf, daß Jerry und die anderen den beinahe sehen konnten.

Das half die Vorstellung retten, während emsig die Netze für den großartigen Trapezakt der Fliegenden Ferdinands gespannt wurden. Jerry blickte ihnen nach, wie sie sich hoch in der Kuppel geschmeidig durch die Luft schwangen, und hoffte schon, daß alles wieder ins Lot käme. Doch gerade als es ein wenig ruhiger zu werden begann, verfehlte Signor Ferdinand, der Leiter der Truppe, die Hand seiner Frau nach ihrem Doppelsalto rückwärts. Sie stürzte ins Netz.

Die Zuschauermenge schrie entsetzt auf, als das Netz unter dem Anprall der Frau aus den fehlerhaft gespannten Haltetauen riß. Doch sie sprang auf, zeigte sich unverletzt, und wieder wurden die Clowns auf den Plan gerufen, um mit ihren Faxen den Zwischenfall zu vertuschen. Wütend glitt Ferdinand zu Boden und schritt aus der Manege, ohne die dienernden Clowns zu beachten.

»Die kommen nächstes Jahr nicht wieder«, sagte Jacques aus dem Mundwinkel, als Jerry ihn zum Schein ohrfeigte und in seinem Haar die Knallfrösche explodierten. »Tut mir leid, Junge, mit dieser Schau ist es vorbei. Der Zuckerwatteverkäufer hat mir gerade erzählt, daß Cowboy Anderson fort ist. Biggo und Major Mite wollten wegfahren, aber dein Onkel war hinter ihnen her und hat sie aufgehalten.«

Mechanisch schlug Jerry ein Rad. Biggo und Major Mite hatten mit alldem nichts zu tun. Dessen war er sicher. Alles, was bisher geschehen war, deutete auf einen gerissenen, bösartigen Urheber hin, der in gewundenen, schlangengleichen Pfaden dachte.

Schlangengleich gewunden . . . Aber Schlangen waren nicht immer gewunden!

Und bei dieser Überlegung fügten sich mit einem Mal viele andere Gedankensplitter, die in Jerrys Kopf umhergeschwirrt waren, zu einem Bild – wie die letzten Stückchen bei einem schwierigen Puzzlespiel.

Plötzlich war er überzeugt zu wissen, was das alles bedeutete:

Ein Miniatursarg ...

Ein Paar Schuhe, ein Stock – gestohlen ...

Eine abhanden gekommene Schlange ...

Ein Zwerg und ein Riese, durchgedreht und im Begriff, den Zirkus zu verlassen ...

Ein verschwundener Korb mit harten Eiern ...

Der Spruch der Wahrsagerin ...

Und ein sonderbar dumpfer Aufschlag, den er heute schon zweimal gehört hatte ...

All das und andere Teile des Puzzlespiels hatten für ihn jetzt ihren Sinn. Jerry wußte, daß er handeln mußte, ehe es zu spät war.

Er schlug ein paar Salti zur Mitte der Manege, wo Jacques sich zum Schein über das Feuerwerk in seinem krausen, leuchtend roten Haar entsetzte.

»Ich muß weg!« flüsterte er dem Clown zu. Ohne dessen Antwort abzuwarten, eilte er radschlagend zum Artisteneingang unter der großen Kuppel.

Draußen sprang er auf die Beine und rannte auf die Wohnwagen zu.

Der Platz war fast menschenleer, denn die Besucher waren der Vorstellung wegen alle im Zelt. Nur an dem Wohnwagen, den Biggo und Major Mite gemeinsam bewohnten, war Bewegung. Der Riese und der Liliputaner standen vor dem Wagen und beschimpften wütend jemand im Innern.

Jerry hielt sich nicht auf.

Auf der anderen Straßenseite sah er, wie die Fliegenden Ferdinands wild entschlossen ihre Sachen packten, um den Zirkus zu verlassen. Cowboy Andersons Wagen war schon fort.

Der glänzend blaue Wohnwagen, der Jerry interessierte, war noch da. Zwei Männer saßen jedoch schon in dem Auto, das ihn zog, und der Fahrer hatte eben den Motor angelassen. Jerry lief hinter den Anhänger, außer Sichtweite. In der Rückwand war eine Tür. Er hoffte, daß sie nicht verschlossen war. Er langte hinauf, drehte am Griff, die Tür ging auf. Gerade als der Wagen anzog, kletterte er hinein und durchsuchte hastig die Gerätschaften, die hinten im Anhänger untergebracht waren. Er fand, was er haben wollte, und packte es. Der lange Gegenstand wog schwer und ließ sich schlecht im Gleichgewicht halten, aber er drückte ihn mit beiden Armen an sich, sprang hinaus und lief damit auf der Straße zurück. Er hoffte, von den Männern im Auto nicht gesehen zu werden.

Aber sie hatten ihn gesehen.

Der Wagen hielt. Die Türen sprangen auf, und die beiden Männer stürzten hinter ihm her.

Sie brüllten ihm zornig etwas nach, aber er hielt nicht an. So schnell er konnte, rannte er mit seiner ungefügen Bürde weiter. Biggo und Major Mite waren noch vor ihrem Wagen. Er lief auf sie zu, als die beiden Verfolger näher kamen.

»Biggo!« schrie er mit letzter Kraft. »Biggo! Hilfe!«

Dann, gerade ehe er den überraschten Riesen erreichte, packte ihn einer der Männer. Er stürzte zu Boden, der Gegenstand flog in weitem Bogen aus seinen Armen, sein Kopf stieß an etwas Hartes, und er verlor das Bewußtsein.

Dies scheint mir der rechte Augenblick, mich nochmals zu melden. Während wir Jerry wieder zu sich kommen lassen, will ich euch fragen, ob ihr das Rätsel der unheimlichen Diebstähle schon gelöst habt. Nein – nicht antworten. Ich fürchte, ihr werdet die Frage bejahen, und ich habe nun einmal etwas gegen junge Menschen, die gescheiter sind als ich. Aber denjenigen unter euch, die noch eifrig über diesem Fall brüten, darf ich einen Hinweis geben. Überlegt mal: es gab nur einen einzigen Grund dafür, Bella zu stehlen, zwei Gründe aber für den Diebstahl von Schuhen, Stock, Lasso und Schwert. Eine Schlange ist nicht immer gewunden. Und vergeßt den dumpfen Aufprall nicht … Dem weisen Mann genügt ein Wort

(so sagt man doch). Wenn ihr natürlich gleich alles erfahren wollt – bitte, keine Hemmungen! Ich verspreche, bis zum Ende nicht mehr in Erscheinung zu treten.

Schluß

Jerry öffnete die Augen. Sein Onkel half ihm gerade, sich aufzurichten. Jack Farrell stand daneben. Jerry blinzelte und zuckte zusammen, als er das Pochen in seinem Kopf spürte. Dann sah er Biggo, der seine beiden Verfolger fest gepackt hielt.

»Jerry, geht's dir besser?« fragte sein Onkel.

Jerry rieb sich den Kopf. »Ich glaub' schon«, sagte er. »Es ist nur eine Beule.«

»Gut.« Die Stimme des Onkels wurde drohend, als er Jerry auf die Füße half. »Dann meine ich, du lieferst uns eine Erklärung, junger Mann. Die beiden hier behaupten, du habest eine ihrer Stangen gestohlen, und du seist auch der Dieb von Biggos Schuhen, dem Stock des Majors und der anderen Sachen. Jerry, hast du uns denn einen Lausbubenstreich gespielt, ohne eine Sekunde lang über die bitterernsten Folgen nachzudenken?«

»Nein, Onkel Frank!« sagte Jerry heftig. »Ich habe dies hier genommen« – er zeigte auf den Gegenstand in Jack Farrells Händen –, »aber ich mußte es tun. Ich glaube, ich weiß jetzt, was hier passiert ist.«

»Nun, dann möchte ich aber hoffen, daß du uns einweihst.« Der Ton des Onkels war ein wenig milder geworden.

»Es wird besser sein, wenn ich eins nach dem andern berichte«, schlug Jerry vor. »Von Anfang an. Es ist wirklich ganz einfach –«

»Einfach!« rief der Onkel aus.

»– wenn ihr begreift, wie alles zueinander paßt.«

»Das interessiert uns ja gerade.« Der Onkel blickte um

sich. Die Vorstellung war zu Ende, die Masse der Zuschauer strömte aus dem großen Zelt und drängte sich an ihnen vorbei.

»Im Wagen können wir besser reden«, sagte Frank Mason. »Kommt herein. Biggo, bring die beiden mit.«

Die zwei Männer wehrten sich und protestierten, aber Biggos riesige Hände hielten sie eisern fest und geleiteten sie sicher in den Wagen. Bald standen alle innen zusammengedrängt – Jerry, sein Onkel, Jack Farrell, der Versicherungsdetektiv Parker, Biggo und Major Mite, der fassungslos dreinblickte, und die beiden Männer. Es war ein großer Wagen (er mußte ja den gewaltigen Riesen beherbergen), und so fanden sie alle Platz. Biggo schloß ab und setzte sich dicht vor die Tür. Auch die beiden Männer hockten sich mürrisch nieder, als Jerry zu sprechen begann.

»Vor fünf Tagen in Millerton fing es an«, sagte er, »als der Diamant ›Grünes Feuer‹ gestohlen wurde.«

»Ich wußte es. Hab' ich's nicht immer gesagt?« rief Parker aus. Ein Blick von Frank Mason brachte ihn zum Schweigen.

»Das Museum, wo er gestohlen wurde, lag nahe beim Zirkusplatz«, fuhr Jerry fort. »Jemand kletterte an der hinteren Mauer im Efeu hoch bis zu den Fenstern im zweiten Stock. Der Einbruch war eindeutig als Routinearbeit des Diebes – oder der Diebe – zu erkennen.«

»Genau was ich sagte!« warf Parker ein.

»Na ja«, sprach Jerry weiter, »die Polizei in Millerton hatte gleich den Zirkus im Verdacht, vielleicht weil wir eben Fremde waren, und sie starteten sofort eine Razzia bei allen Leuten, in allen Zelten und Wagen. Ich erzähle hier, was ihr alle schon wißt«, fügte er hinzu, »weil ich diese Tatsachen klar vor Augen hatte, als ich mir die ganze Geschichte zusammenzureimen versuchte.«

»Weiter, Junge«, sagte der Onkel ruhig.

»Nun«, sagte Jerry, »und bei der Sucherei drehte der Dieb durch. Er mußte den Stein sofort verstecken, und zwar an einem Ort, wo kein Polizist der Welt jemals nachforschen würde. Er wagte nicht, ihn in seinem Wagen zu verstecken; wenn er da entdeckt würde, wäre dies ein schlagender Beweis für seine Schuld. Also brach er den Diamanten aus der Fassung, warf die Fassung weg und versteckte den Stein.«

»Aber wo?« fragte Jack Farrell stirnrunzelnd.

»Dazu komme ich später«, versprach Jerry. »Erst will ich über die anderen Diebstähle reden. In der Nacht nach dem Einbruch wurden Biggos Schuhe gestohlen. Das brachte ihn ziemlich in Harnisch.«

»Das will ich meinen«, grollte der Riese. »Meine besten Schuhe. Sie haben mich hundert Dollar gekostet – Maßarbeit!«

»In der nächsten Nacht«, fuhr Jerry fort, »wurde Major Mites Stock gestohlen.«

»Mein Talisman!« rief Major Mite schrill und erregt. »Ich hatte ihn von Anfang an – seit ich mir beim Zirkus einen Namen gemacht hatte. Den kriege ich für alles Geld der Welt nicht wieder. Wenn ich den Schurken, der ihn zerbrochen hat, jemals erwische, drehe ich ihm den Hals um!« Und er ballte die kleinen Fäuste, so daß es beinahe komisch wirkte. Aber niemand lächelte. Frank Mason nickte Jerry ermunternd zu.

»Na, und dann folgten der Diebstahl von Sabres Schwert und Cowboy Andersons Lasso«, sagte Jerry. »Es wollte einem einfach nicht in den Kopf, daß jemand solche Sachen stehlen sollte.«

»Aber natürlich«, sagte Parker. »Der Dieb nahm sie für den Schlangenraub zu Hilfe.«

»Nein.« Jerry schüttelte den Kopf. »Das heißt, er benutzte sie wohl dafür, aber das nur nebenbei. Er hatte zwei viel bessere Gründe dafür, solch sonderbare Dinge zu stehlen. Der erste Grund war der: es machte alle Leute im Zirkus unsicher und nervös. Darum vergrub der Dieb auch die Sachen in dem kleinen Sarg. Reine Stimmungsmache. Die Leute sollten glauben, jemand habe einen bösen Bann über den Zirkus verhängt.«

Er sah in die skeptischen Männergesichter ringsum. Sogar

Major Mites Gesichtchen war zu einer verwunderten Grimasse verzogen.

»Versteht ihr«, fuhr Jerry fort, »der Dieb wollte eigentlich nur Donna Serpentinas Schlange Bella haben. Die Diebe, sollte ich sagen, denn natürlich waren zwei Männer nötig, um Bella zu stehlen. Einer mußte den anderen hochheben. Aber als sie Bella hatten, wollten sie schleunigst mit ihr vom Zirkus weg, ohne Verdacht zu erregen. Durch die gestohlenen Schuhe und die anderen Sachen hatten sie die Leute nun schon so weit, daß ein paar Artisten sich wirklich davonmachten, und hier wollten sich die Diebe anschließen, ohne daß es verdächtig aussah. Weiter würde niemand merken, daß es im Grunde nur um Bella ging. Und alle dachten so, wie es die Diebe haben wollten: daß Bella zu der sinnlosen Klauerei gehöre. Das war der zweite Grund für die Diebstähle.«

»Einen Augenblick«, rief Frank Mason. »Du willst sagen, daß Bella etwas mit dem gestohlenen Diamanten zu tun hat?«

Jerry nickte so heftig mit dem Kopf, daß die Beule wieder zu schmerzen begann. Er zuckte zusammen. »Da bin ich ganz sicher«, sagte er. »Besonders seit ich von Paddy weiß, daß an dem Tag, als der Diamant gestohlen wurde, ein Korb mit hartgekochten Eiern verschwunden ist.«

Ein sonderbarer Ausdruck trat auf Jack Farrells Gesicht. »Halt!« sagte er. »Mal sehen, ob ich dir folgen kann.« Er sah die Umstehenden an. »Serpentina füttert ihre Schlangen mit Eiern«, sagte er. »Ihr habt alle schon gesehen, wie sie die Eier umherrollt, damit sie wie lebendig aussehen. Dann verschlingen die Schlangen sie.«

Die anderen nickten verwundert. Jack Farrell sprach weiter. »Nun – nehmen wir an, jemand hat soeben einen kostbaren Diamanten gestohlen und weiß, daß er in der nächsten Minute durchsucht werden wird. Er muß den Stein an einem Ort verstecken, wo es niemand im Traum einfiele, ihn zu suchen, aber von wo er ihn später zurückholen kann. Er sieht Donna Serpentinas Wagen unbewacht. Da denkt er an die Schlangen. Er klaut in der allgemeinen Verwirrung aus dem Küchenzelt ein paar harte Eier und –« er sah Jerry an. »Du bist darauf gekommen, Jerry. Mach du weiter.«

»Meiner Ansicht nach«, sagte Jerry, »bohrten die Diebe in ein Ei ein Loch und steckten den Diamanten hinein, nachdem sie ihn aus der Fassung gebrochen hatten. Dann gaben sie Bella dieses Ei zu fressen. Sie suchten sich Bella dazu aus, weil sie genau die richtige Größe für das Versteck hatte, das die Diebe im Sinn hatten.«

»Ich sage gar nichts mehr«, meinte Frank Mason bedächtig. »Wer hätte das gedacht: eine Schlange als Versteck für einen Diamanten? Aber es hört sich logisch an.«

»Klar«, sagte Jack Farrell. »Und später mußten sie noch die Schlange selbst stehlen, ohne Verdacht zu wecken. Also stahlen sie erst all die anderen Dinge, um uns zu verwirren. Aber Jerry, wo ist nun Bella geblieben?«

Jerry hob die Aluminiumstange hoch, die Achmed und Abdullah, die arabischen Akrobaten, für ihren Kopfstand-Balanceakt verwendeten.

»Das Ding da ist ein Meter dreiundachtzig lang und hat zehn Zentimeter Durchmesser. Bella ist ausgestreckt ein Meter achtzig lang und im Durchmesser neun Zentimeter stark. Für ein Aluminiumrohr ist die Stange viel zu schwer und auch schlecht im Gleichgewicht zu halten. Der dumpfe Plumps, mit dem sie runterfiel, und Kassandras Spruch haben mich auf die Idee gebracht. Und wenn ich mich nicht irre –«

Mit einiger Mühe zog er die starke Gummikappe von einem Ende der Aluminiumstange und hob sie in die Höhe. Vor aller Augen glitt die verschwundene Bella langsam aus der Röhre und fiel schlaff zu Boden.

Achmed und Abdullah machten einen verzweifelten Fluchtversuch, aber an Biggo kamen sie nicht vorbei.

Rasch wurden sie überwältigt.

Frank Mason hob die Schlange auf. »Arme Bella«, sagte er. »Sie ist tot. Wahrscheinlich erstickt. Aber sie war alt und schwach, und wir werden versuchen, sie Donna Serpentina zu ersetzen. Jedenfalls haben wir es nun leichter festzustellen, ob du recht hast, Jerry.«

»Und wenn du recht hast, Junge«, sagte der Detektiv Parker bedeutungsvoll, »sollst du von der Belohnung für den Diamanten auch was abbekommen – zehn Prozent.«

»Ihnen geb' ich gleich zehn Prozent!« fuhr Jack Farrell erbost auf. »Diese Geschichte hat Jerry aufgeklärt. Er allein bekommt die volle Belohnung!« Und er wandte sich zu Jerry, die mächtige Pranke ausgestreckt.

»Das wird dir durchs Studium helfen«, sagte er. »Aber bis dahin: willkommen beim Circus Clanton. Du bist kein Grünschnabel, du bist einer von uns, Junge. Du gehörst dazu!«

Er begrub Jerrys Hand in der seinen, und eine schönere Belohnung hätte sich Jerry nicht wünschen können.

Alfred Hitchcock meint: *Ich habe gern das letzte Wort, und wenn wir nun den Fall der fünf unheimlichen Diebstähle als abgeschlossen zu den Akten legen, darf ich noch sagen, daß in der armen Bella tatsächlich der vermißte Diamant versteckt war. Schlangen haben offenbar ein sehr träges Verdauungssystem. Achmed und Abdullah entpuppten sich als gerissene Juwelendiebe europäischer Herkunft; im Sommer traten sie bei einem Zirkus auf, um sich den Anstrich eines respektierlichen Daseins zu geben, während sie im Winter mit reichlicher Edelsteinbeute untertauchten. Wenn ihr fragt, warum sie den Diamanten nicht wieder holten, sobald Bellas Raub geglückt war, so gibt es nur eine Antwort: Wäre Bella mit einem Schnitt im Leib aufgefunden worden (und nur so hätten sie den Diamanten herausholen können), so wäre möglicherweise der ganze Plan durchschaut worden. Nein, die Diebe mußten vom Zirkus weg und Bella mitnehmen, ohne daß ihr Abgang Verdacht erregte.*

Ach, und der dumpfe Aufprall, von dem die Rede war? Nun, Jerry beobachtete zweimal, wie Achmed und Abdullah ihr Spezial-Balanceakt mißglückte. Er hielt es der allgemeinen

Nervosität zugute, aber beide Male störte ihn etwas an diesem Mißgeschick. Beim zweiten Fehlschlag fiel ihm plötzlich auf, daß die Stange beim Aufprall dumpf dröhnte, anstatt wie gewohnt ein metallisches Klingen von sich zu geben. Das ließ vermuten, daß sich etwas im Innern befand – etwas Weiches, was diesen Laut dämpfte und außerdem ein Ungleichgewicht verursachte, so daß Achmed und Abdullah ihre Nummer nicht zuwege brachten. Das Weitere ist – wie ich hoffe – klar. Falls jedoch noch jemand Fragen haben sollte . . .

Ach so – Fortunata, Kassandra und die Weissagung? Jerry hat niemals genau erfahren, ob die alte Zigeunerin nicht mehr von der ganzen Sache wußte, als sie zugeben wollte. Er vermutete, daß sie den Hergang der Tat kannte, aber als Zigeunerin keine Verdächtigung äußern wollte. Also ging sie auf einem Umweg vor, um Jerry auf die richtige Spur zu setzen. Wer nämlich eine abhanden gekommene Schlange zusammengerollt in einem Koffer, einer Kiste oder auch im Innern einer Trommel sucht, denkt nicht unbedingt an eine schnurgerade ausgestreckte Schlange, die in einer hohlen Stange versteckt ist.

Aber jetzt zum nächsten Fall.

Alfred Hitchcock hat das Wort: Mit der Zeit hat es eine eigenartige Bewandtnis: Sie kann kriechen wie eine Schlange auf dem Weg zum Zahnarzt. Oder sie kann vorüberrasen wie ein Erdsatellit. Sie kann sogar rückwärts gehen – und genau das passiert hier. Die Anhaltspunkte liegen vor – ihr seid eingeladen, euch als Detektiv zu betätigen und bei der Aufklärung zu helfen.

Das Rätsel der sieben verdrehten Uhren

Mr. Peter Perkins, der Rätselonkel von der Redaktion der Wochenendbeilage, blieb wie gelähmt stehen: Das Geheul, das ihm in den Ohren gellte, war so schaurig und kam so unerwartet, daß der leichtfüßige kleine Herr den Goldknauf seines Spazierstocks fester packte, bevor er sich umwandte. Im Dämmerlicht des späten Oktobertages sah er zu seinem Entsetzen ein bleiches Knochengerippe, das nach ihm griff, während eine Fledermaus an seinem Gesicht vorüberhuschte und ein Wolf sich zum Sprung duckte.

Weiß der Himmel – diese Situation klingt ein wenig unwahrscheinlich, wie? Im Vertrauen gesagt: eine solche Szene ist beim Fernsehen als Holzhammer-Gag bekannt. Die Bezeichnung spricht, meine ich, für sich selbst. Um die Situation zu klären, werden wir uns nun die Beweglichkeit der Zeit, von der ich eben sprach, zunutze machen und die Uhrzeiger um genau eine Minute zurückdrehen.

Peter Perkins spazierte in Atlantic Beach die Strandpromenade entlang. Sein Mantel mit den Samtaufschlägen war bis obenhin zugeknöpft; auf den silbrigen Locken thronte mit Würde eine Melone.

Es war dämmrig, und niemand außer ihm war unterwegs. Der Vergnügungspark, der sich an der Uferstraße des Städtchens breitmachte, lag still und verlassen, nur von den flüsternden Schemen der längst davongezogenen Karussell- und Budenbesitzer bevölkert. In Wahrheit waren diese flüsternden Schemen nur Blätter, doch der kleine Rätselredakteur hatte eine lebhafte Phantasie.

An Sommerabenden in der Dämmerung war Atlantic Beach ein Lichtermeer. Es hallte wider vom Gelächter der dichtgedrängten Menge, dem Donnergetöse der Achterbahn, dem Pang-Pang-Pang der Schießbuden. So hatte es Peter Perkins, der dicht beim Rummelplatz wohnte, am liebsten.

Heute abend aber lag über dem Platz eine merkwürdige Verlassenheit. Zu Peters Linken rollte die Brandung des Atlantik tosend an den Strand. Vor ihm verlor sich der Gehsteig in der Düsternis wie ein hölzerner Pfad zum Nichts. Zu seiner Rechten ragte das Gerüst der Achterbahn wie das Skelett eines gewaltigen Dinosauriers gen Himmel, und das Riesenrad war ein kreisförmiges Ungetüm, das gleich losrollen und ihn zermalmen konnte.

Um sich von dieser sonderbaren Stimmung loszureißen, schritt der Rätselredakteur kräftiger aus. Er wollte zwanzig Minuten spazierengehen und dann zur Atlantic-Straße zurückkehren, einen Häuserblock vom Ufer entfernt, um seinen alten Freund Fritz Sandor zu besuchen, der eine Uhrmacherwerkstatt betrieb und ebenfalls ein begeisterter Rätselfreund war. An einem Abend in jeder Woche knobelten sie zusammen Rätsel aus.

Peter Perkins war erst wenige Schritte gegangen, als ein langgezogener, jammervoller Klagelaut an sein Ohr drang.

Er fuhr herum. Und da, im matten Zwielicht, sah er ein Gerippe, das nach ihm griff, eine vorüberhuschende Fledermaus und einen Wolf, der sich sprungbereit die Lefzen leckte.

Zwar waren die furchteinflößenden Geschöpfe nur auf die Bretterwand eines großen Gebäudes gemalt, aber diese Feststellung heiterte Peter Perkins nicht übermäßig auf. Er befand sich vor dem »Haus der Schrecken« mit dem Reklameslogan »Für vorzeitiges Ergrauen übernehmen wir keine Haftung«. Die ganze Gebäudefront war mit einer Auswahl nervenstrapazierender Darstellungen der unterhaltsamen Überraschungen bemalt, die einen im Innern erwarteten. Im Dämmerlicht, nur undeutlich zu erkennen, schienen sie so greifbar, daß sie Unbehagen verursachten.

Da ertönte das jämmerliche Klagen von neuem. Es kam zweifellos aus dem »Haus der Schrecken«. Irgendwie hatte sich ein Hündchen in den Bau verirrt und saß nun in der Falle.

Peter zögerte. Die Vernunft gebot, die Polizei zu rufen. Aber das nächste Telefon war einige Straßenecken entfernt, und die Polizei konnte sich verspäten. Der kleine Hund jaulte wieder, und das klang so elend und ängstlich, daß sich Peter Perkins entschied: Er wollte versuchen, den Hund selbst zu befreien. Er hatte Tiere zu gern, um ihn dort drin länger als unbedingt nötig allein zu lassen.

Die hölzerne Eingangspforte zum Haus der Schrecken war verschlossen. Aber die Tür war alt und das Holz verzogen. Er konnte zwischen Tür und Rahmen den Messingriegel sehen, womit der Eingang gesichert war. Peter Perkins, der sich mit vielen Merkwürdigkeiten auskannte, wußte, wie man mit einem solchen Schloß umging. Und unter diesen Umständen war er sicher, daß es ihm niemand übelnehmen würde. Er grub sein Taschenmesser mit der Spitze in das weichere Metall des Riegels, versetzte ihm einen Schlag schräg von der Seite her, und der Messingriegel löste sich aus der Lasche. Die Tür schwang auf. Ein kalter, feuchter Luftzug wehte Peter ins Gesicht. Aber der kleine Mann war nicht furchtsam. Er trat beherzt in die Finsternis, schloß die Tür hinter sich und tastete an der Wand nach einem Lichtschalter.

»Hierher, Kleiner!« rief er in beruhigendem Ton.

Wieder heulte der Hund; es klang jetzt weiter entfernt. Da fand Peter einen Schalter. Das Licht ging an, denn der

Eigentümer hatte den Strom eingeschaltet gelassen, damit er im Winter seinen Besitz kontrollieren und sich vergewissern konnte, daß keine der empfindlichen elektronischen Anlagen Schaden gelitten hatte, die im Haus der Schrecken notwendig waren.

Es leuchtete allerdings nicht, wie Peter erwartet hatte, das starke Deckenlicht auf, sondern ein blaßblauer Scheinwerfer. Er erhellte eine Nische in der Wand und darin ein Skelett, das seine Knochenfinger hob und auf den Eindringling deutete.

»Willkommen«, sagte das Skelett mit Geisterstimme. »Wenn Sie unbedingt leichtsinnig sein wollen, so folgen Sie den Fußspuren. Sollten daraus ernste Folgen entstehen, so übernimmt die Geschäftsleitung keinerlei Verantwortung.«

Peter wußte sehr wohl, daß das Skelett aus Kunststoff war, daß seine Stimme von einem Tonband kam und daß die Beleuchtung von einer automatischen Schalttafel gesteuert wurde. Trotzdem hätte er, mutterseelenallein in der Finsternis, gern den lebendigen Klang einer menschlichen Stimme vernommen – und sei es die eigene.

»Kennst du den Walter?« fragte er das Skelett. Das war ein Wortwitz, den er am Samstag in der Zeitung bringen wollte. Das Skelett hätte zurückfragen sollen: »Welchen Walter?«, worauf Peter antworten würde: »Den Hausver-Walter.«

Statt dessen ließ das Gerippe ein gespenstisches Gelächter ertönen und verschwand. Eine lange Reihe Fußabdrücke erschien auf dem Boden und wies eine Spur in die Dunkelheit – jeder einzelne ein scharf umrissener Lichtfleck.

Der Gedanke, das dunkle Gebäude durchforschen zu müssen, wollte Peter Perkins nicht recht gefallen, aber der Hund jaulte wieder – ein langes, klägliches, herzzerreißendes Winseln, das ihn zum Handeln trieb.

»Schon gut, Kleiner«, rief Peter. »Ich komm' schon zu dir.«

Er schritt vorwärts, den leuchtenden Spuren nach, denn er wußte, daß sie ihn auf sicherem Pfad durch die Dunkelheit geleiten würden. Er ging durch eine Tür, ein wilder Aufschrei ertönte. Es blitzte und donnerte, und drei Hexen auf Besenstielen fuhren vor seiner Nase auf und davon.

Peter lächelte etwas mühsam und ging weiter. In einem anderen Raum umkreiste eine Schar Fledermäuse seinen Kopf. Er duckte sich nicht, da er wußte, daß sie an Drähten gezogen wurden. Aber als im nächsten Raum gespenstische Gestalten ihre in weiße Leichentücher gehüllten Arme nach ihm ausstreckten, mußte er stehenbleiben und sich daran erinnern, daß dies nur musselinumwickelter Draht war, mit Spezialfarbe gestrichen, die bei ultraviolettem Lichteinfall sichtbar wurde. Trotzdem schlug sein Herz rascher als sonst, und zu seiner eigenen Beruhigung stellte er den Geistern eine seiner Lieblings-Scherzfragen.

»Welches ist der kälteste Vogel?«

Statt einer Antwort gaben die Gespenster ein abscheuliches Stöhnen von sich. Also antwortete Peter selbst: »Der Zeisig, denn er ist hinten eisig.« Darauf kreischten die Gespenster schrill, schossen in die Höhe und verschwanden. Während er über den sonderbaren Einfluß nachsann, den Farbe und unsichtbares Licht auf das menschliche Nervensystem haben können, lief Peter rasch weiter und rief dabei: »Hierher, Kleiner! Hierher!«

Er durchquerte einen Raum, in dem Dutzende von Wachsfiguren berüchtigter Mörder in Verbrecherhaltung standen, dann ein anderes Zimmer, wo eine Gestalt, den Hals in der Schlinge, mit grauenhaftem Aufschrei durch eine Falltür stürzte.

Es gab noch mehr Räume voll ebenso ausgeklügelter Schrecken, aber jetzt hatte Peter seine Nerven wieder unter Kontrolle. Er rief immer wieder nach dem Hund, aber zu seiner Verwunderung kam das Jaulen überhaupt nicht näher. Zuletzt gelangte er zum Ausgang, der, wie er wußte, auf ein Gäßchen hinter dem Haus führte, und höchst verwirrt schloß er die Tür hinter sich.

Einen Augenblick lang stand er blinzelnd in der dunklen, menschenleeren Gasse. Gegenüber war die Hinterfront der an der Atlantic-Straße, der Hauptstraße des Ortes, gelegenen Läden und Wohnhäuser. Und wenige Schritte von ihm entfernt war ein kleiner Hund in einem Hinterhof angekettet. Als der Peter sah, heulte er wieder – ein melancholischer Laut voll gottverlassener Einsamkeit.

»Du warst also der Spitzbube, was?« murmelte Peter. Wenn der Hund heulte, fing sich der Laut im Ansaugschacht des Lüftungssystems im Haus der Schrecken. Durch die weiten Lüftungsrohre zu seltsamen, auf- und abschwellenden Tönen verstärkt, hatte sich das Geheul durch das ganze Gebäude fortgepflanzt und war aus der Abblaseöffnung an der Strandpromenade wieder hervorgetreten, wo Peter es zuerst gehört hatte.

»Du hast mich schön erschreckt«, sagte Peter. »Leider kann ich dich nicht losbinden – du würdest ausreißen!«

Es war ein spannendes Abenteuer gewesen, und es hatte ihn fast zu seinem ursprünglichen Ziel geführt – zu Fritz Sandors Uhrenklinik. Fritz, ein kleiner, verschrumpelter Gnom schweizerischer Herkunft, war ein Zauberkünstler, wenn er eine Uhr, gleich welcher Art und welchen Alters, zu reparieren hatte. Er und Peter waren seit Jahren befreundet. Der Hintereingang zur Werkstatt lag nur wenige Schritte die Gasse hinunter. Peter ging darauf zu und öffnete die Tür.

Er klopfte nicht an, weil Fritz ziemlich schwerhörig war. Infolge eines Unfalls, den er als junger Mann beim Wehrdienst in der Schweiz gehabt hatte, war er obendrein stumm. Aber die Hintertür hatte ein Spezialschloß. Wenn man den Knauf dreimal nach rechts drehte, viermal nach links und wieder zweimal nach rechts, dann öffnete sie sich. Peter, der die Kombination kannte, trat in ein dunkles Zimmer und rief laut nach seinem Freund.

»Fritz! Fritz?«

Dicht vor ihm brüllte jemand: »Haben wir dich!« Riesige Hände packten ihn. Hilflos wie ein Kind wurde Peter Perkins in das Hinterzimmer der Uhrenklinik geschleppt. Der Raum war hell erleuchtet.

»Ich habe den Mörder«, sagte eine tiefe Stimme an seinem Ohr. »Er ist an den Ort seines Verbrechens zurückgekehrt.«

Peter Perkins blinzelte; seine Augen gewöhnten sich an die Helligkeit.

Vor sich sah er den Kriminalkommissar Magru von der Ortspolizei. Zwei andere Männer waren in einiger Entfernung über etwas gebeugt, das am Fuß einer schönen alten Großvater-Standuhr lag, einer der vielen Uhren aller Größen und Spielarten, die Fritz Sandor sammelte.

Und dann sah Peter Perkins mit plötzlichem Entsetzen, womit sich die beiden Männer beschäftigten. Es war sein alter Freund, der verschrumpelte kleine Uhrmacher Fritz. Und er wußte – kein Zweifel war möglich –, daß Fritz tot war.

Sein Blick kehrte zu dem Bulldoggengesicht des Kommissars zurück, den er von früher her kannte. Magru musterte ihn mit unverhohlenem Mißfallen.

»Laß ihn frei, Snider«, sagte er. »Das ist Perkins, der Rätselschmied. Er geht mir auf die Nerven, aber ich halte ihn nicht für den Mörder.«

»Aber er kam einfach zur Hintertür herein«, protestierte der Polizist, der Peter ergriffen hatte. »Und Sie sagen immer, man soll auf den Täter achten, den es an die Stätte seines Verbrechens zurückzieht . . .«

»Schon gut«, sagte Kommissar Magru. »Gehen Sie und helfen Sie den anderen. – Perkins!« Er fixierte den kleinen Rätselredakteur mit stählernem Blick. »Was tun Sie hier – warum schleichen Sie sich durch die Hintertür ein?«

»Ich habe mich nicht eingeschlichen«, sagte Peter Perkins. »Ich wollte Fritz besuchen. Wir wollten zusammen Rätsel lösen.«

»Rätsel lösen?« Magrus schwere Augenbrauen zogen sich zusammen.

»Fritz war darin sehr begabt«, sagte Peter. »Er und ich gehören zum Klub der Knobelfreunde. Er war Cicero, ich bin Plutarch!«

»Cicero!« sagte Magru. »Plutarch! Perkins, Sie machen mich noch ganz irr mit Ihrem Unsinn.«

»Das sind die Klub-Namen«, erklärte Peter mit Würde.

»Na, das hier ist jedenfalls kein Rätselwettbewerb«, sagte Magru. »Das ist Mord. Und ich verbitte mir diesmal jegliche Einmischung von Ihnen. Habe ich mich klar ausgedrückt?«

Magru spielte darauf an, daß Peter Perkins ihm bei früheren Fällen schon etliche Hinweise gegeben hatte. Einige dieser Hinweise waren gut gewesen; das hatte Magru jedoch nur noch mehr aufgebracht.

»Wer hat ihn getötet?« fragte Peter. »Wer hat Fritz getötet?« Er versuchte, das Zittern in seiner Stimme zu unterdrücken, aber es gelang ihm nicht.

»Das will ich ja hier herausbekommen«, sagte Magru. »Es geschah gestern nacht. Er war hier in diesem Raum und zog gerade seine Uhren auf, wie man sieht. Also war es Mitternacht – er zog jeden Tag seine Uhren genau um Mitternacht auf.«

Peter nickte. Das war richtig.

»Jemand schlüpfte mit Hilfe eines Nachschlüssels herein – jedenfalls war die Tür nicht aufgebrochen. Wegen seines schlechten Gehörs konnte Fritz den Eindringling nicht bemerken. Der schlich sich von hinten an Fritz heran und – nun, er schlug ihm den Schädel ein. Soviel wissen wir. Ein wenig wird es uns bei der Ermittlung des Kerls helfen.«

»Es muß jemand sein, der ihn kannte«, sagte Peter. »Und der wußte, daß Fritz kein Zutrauen zu Banken hatte und all sein Geld in einer Geheimschublade seines Schreibtisches aufbewahrte. Feinde hatte er nicht – es muß also jemand gewesen sein, dem es um das Geld ging.«

»So weit sind wir auch gekommen«, brummte Magru. »Da – der Schreibtisch ist aufgebrochen. Kurz und gut: wir brauchen keine Hilfe von rätselbesessenen Amateuren. Sie können hier verschwinden und ... Nein.« Er überlegte es sich anders. »Sie setzen sich ins Büro. Es könnte sein, daß ich Ihnen noch ein paar Fragen zu stellen habe. Gehen Sie, setzen Sie sich. Und fassen Sie nichts an!«

Peter Perkins wollte viele Fragen stellen. Aber er kannte Magrus Launen. Wortlos ging er in den kleinen Büro- und

Werkstattraum, der an das große Hinterzimmer grenzte. Es war ein Kämmerchen mit einem Sammelsurium von Wand- und Tischuhren, wovon die meisten auseinandergenommen waren, und von Armbanduhren, die auf der Werkbank zur weiteren Bearbeitung bereitlagen. Auch ein Schreibtisch stand da, und wie Magru erwähnt hatte, waren die Schubladen aufgebrochen. Ferner gab es einen Hocker, auf dem Fritz bei der Arbeit zu sitzen pflegte, und einen Sessel für gelegentliche Besucher. Der eigentliche Laden, in dem Fritz tagsüber Uhren verkaufte, lag an der Vorderseite des Hauses und war über eine kleine Diele zu erreichen.

Peter Perkins legte seinen steifen Hut auf den Schreibtisch und setzte sich in den Sessel, den er so drehte, daß er sehen konnte, was in dem großen Hinterzimmer mit der herrlichen Sammlung schöner alter Uhren vor sich ging.

Peters erste Empfindung war fassungslose Trauer, die nächste Reaktion der feste Entschluß, daß der Schuldige für seine Untat büßen müsse. Seinem Auftreten zum Trotz war Magru ein gewissenhafter Detektiv. Er mochte nur keine Amateure. Aber wenn Peter einen brauchbaren Vorschlag machen könnte, würde Magru sicher auf ihn hören.

Diese Werkstatt war ein Ort, der sich für die Spurensuche geradezu anbot. Der Mörder hatte sich hier immerhin einige Zeit aufgehalten. Er mußte die Schubladen aufbrechen, um an das versteckte Geld zu gelangen. Peter hatte den alten Freund ein dutzendmal beschworen, es zur Bank zu tragen . . .

Peter saß ganz still und blickte sich im Raum um. Er musterte die Regale voll reparierter Uhren und das lange Brett mit den vielen Häkchen, woran alle möglichen Armbanduhren hingen. Er sah sich das Schreibpult an, das Fritz gleichzeitig als Werkbank gedient hatte. Die Werkzeuge lagen auf der Platte. Auch eine Uhr, an der der Schweizer gerade gearbeitet hatte (eine elektrische Uhr, wie Peter überrascht feststellte), stand noch da. Aber Fritz war sehr ordnungsliebend gewesen. Wenn er mit der Arbeit aufhörte, räumte er das Werkzeug immer auf. Es war für Peter augenscheinlich, daß Fritz bei der Arbeit unterbrochen worden war.

Sein Blick wanderte weiter. Dann holte ihn das Empfinden von etwas Ungewohntem zurück. Die Uhr – da stimmte doch etwas nicht mit dieser Uhr — da störte ihn etwas, und doch –

Dann merkte er es.

Die Uhr ging rückwärts!

Peter Perkins starrte sie an, sah den Sekundenzeiger in der falschen Richtung umlaufen und den Minutenzeiger langsam die Zeit zurückdrehen, und er spürte eine sonderbare Erregung. Es war einfach – nun, unnatürlich. Uhrzeiger gingen immer nur in eine Richtung. Aber hier war eine Uhr, die umgekehrt ging, und das im Laden von Fritz Sandor, der sein Leben lang auf seine Kunst stolz gewesen war, Uhren richtig in Gang zu setzen und genau gehen zu lassen.

Es war so sonderbar, daß Peter Perkins dahinter eine Bewandtnis vermutete, irgendeine besondere Bedeutung. Nur – welche?

Diese letzte Frage ist ausgezeichnet. Im Vertrauen gesagt: die umgekehrt gehende Uhr hat wirklich etwas zu bedeuten, sogar etwas Wichtiges. Vielleicht seid ihr schon dahintergekommen, was man von einer Uhr, die nicht auf morgen, sondern auf gestern zugeht, ablesen kann? Wenn nicht, vergeßt diese Aufgabe nicht, während wir fortfahren.

Peter Perkins beobachtete, wie der Minutenzeiger rückwärts kroch. Dann zog er einen Notizblock und einen Bleistift aus der Tasche. Er machte zwei kleine Skizzen und bezeichnete sie kurz.

Genaue Zeit

Zeigerstand der rückwärts gehenden Uhr

Dann stand er auf und ging zum Arbeitstisch. Er beugte sich vor und sah sich die Uhr genau an. Es war eine sehr alte elektrische Uhr – offenbar eine der ersten, die je hergestellt worden waren. Auf einem anhängenden Zettel stand »Mrs. Murphy«, und das erklärte einiges. Mrs. Murphy wohnte gegenüber und brachte Fritz oft eine warme Suppe oder eine andere selbstbereitete Mahlzeit. Für sie würde Fritz eine Elektro-Uhr instand setzen – doch für niemanden sonst. Er haßte solche Uhren. Seine Liebe gehörte den altmodischen Kunstwerken mit ihren vielen Rädchen und Federn.

Neben der Uhr lag ein Schraubenzieher, als hätte ihn Fritz gerade aus der Hand gelegt. Peter hatte das bestimmte Gefühl, daß Fritz beim Stellen der Uhr unterbrochen worden war. Wenn er nun gerade die genaue Zeit eingestellt hatte? Dann hatte er aufgeschaut – und sich vielleicht einem Eindringling mit einer Schußwaffe gegenübergesehen. Er hatte die Uhr in Gang gesetzt. Aber er ließ sie in der verkehrten Richtung laufen. Warum? Weil er so erschrocken war? Oder hatte er es in einer bestimmten Absicht getan? Fritz Sandor war ein Mann, der alles über Uhren wußte – was man damit anstellen konnte, was –

»Perkins!«

Der Rätselredakteur fuhr auf. Kommissar Magru brüllte ihn an. »Sie sollen doch nichts anrühren!«

»Ich habe nichts angerührt«, sagte Peter. »Aber sehen Sie mal – diese Uhr hier geht in die verkehrte Richtung.«

Magru blickte flüchtig hin. »Na und?« sagte er. »Sie ist eben kaputt, und Fritz sollte sie reparieren. Gehen Sie jetzt hinaus. Wir wollen hier drin die Fingerabdrücke untersuchen.«

Peter widersprach nicht. Er ging in den großen Nebenraum, der die unzähligen Uhren beherbergte, Fritz Sandors Stolz (er pflegte sie »meine Familie« zu nennen). Er entdeckte einen Stuhl, auf dem er nicht im Weg sein würde. Im Raum herrschte geschäftiges Treiben. Der Technikerstab war da. Ein Fotograf machte viele Aufnahmen von dem Raum und dem armen Fritz, der noch am Fuß der großen alten Standuhr lag, wie er niedergeschlagen worden war. Dann deckte man ein Tuch über den toten Uhrmacher und trug ihn behutsam hinaus. Die Fingerabdruck-Experten arbeiteten eifrig. Peter Perkins bezweifelte, daß sie etwas finden würden. Kommissar Magru erließ Anordnungen, und andere Detektive und Uniformierte kamen und gingen.

Peter Perkins hing noch seinen Gedanken nach, als eine der vielen Uhren silberhell zu schlagen anfing. Er wartete auf die anderen. Sie waren bei Fritz immer so exakt gerichtet, daß sie fast alle gleichzeitig schlugen.

Zu seiner Verwunderung folgte keine der anderen Uhren. Er sah sich nach der Uhr um, die geschlagen hatte. Und dann hielt er vor Verwunderung den Atem an.

Eine ganze Anzahl von Fritz Sandors kostbaren Uhren ging falsch! Und damit nicht genug – jede einzelne ging für sich falsch!

Es war geradezu unfaßlich – so unfaßlich wie die Uhr, die rückwärts ging. Peter fühlte sich von plötzlicher Erregung gepackt. Diese Uhren, die eine falsche Zeit angaben – hatten sie noch etwas anderes zu sagen? Hatten sie durch ebendiese falsche Anzeige eine Nachricht zu übermitteln?

Mit steigendem Eifer untersuchte er die Uhren. Es gab in dem Zimmer alle Arten von Uhren, große und kleine, aber ihm gerade gegenüber stand eine Reihe hoher Standuhren. Die Uhr am Ende der Reihe war so gewaltig und so uralt, daß Fritz Sandor ihr den Spitznamen »Urvater Zeit« gegeben hatte. Am Fuß von »Urvater Zeit« hatte er gelegen, als Peter hereinkam.

Die ersten drei Uhren in der Reihe gaben die genaue Zeit an. Dann kamen die völlig verdrehten Uhren, und zuletzt zwei weitere Uhren, die richtig gingen.

Von neuem nahm Peter Notizblock und Bleistift zur Hand und zeichnete hastig. Die fertige Skizze sah so aus:

genaue Zeit verkehrte Zeit

verkehrte Zeit (Forts.) genaue Zeit

Er starrte auf die Zeichnung nieder und steckte sie bedächtig ein. Diese verdrehten Uhren hatten etwas zu bedeuten, aber er hätte um nichts in der Welt sagen können, was.

Er lehnte sich zurück und dachte scharf nach. Beim Zeichnen war ihm bewußt geworden, daß alle Uhren im Raum außer den zwölf Standuhren stehengeblieben waren. Dies bedeutete, daß Fritz Sandor in der vergangenen Nacht keine Zeit mehr gehabt hatte, sie aufzuziehen, und daß sie abgelaufen waren. Peter versuchte sich vorzustellen, was geschehen war.

Fritz hatte den Laden um sechs Uhr abends geschlossen – wie jeden Tag. Dann hatte er sich in der Wohnung etwas zu essen gemacht und war wahrscheinlich um sieben Uhr in die Werkstatt gegangen, wo er gewöhnlich bis Mitternacht arbeitete, wenn er nicht Besuch von einem Freund wie Peter Perkins hatte. Genau um Mitternacht pflegte er die Uhren im großen Raum aufzuziehen.

Es sah also genau so aus, als habe er mit dem Aufziehen seiner Uhren begonnen, sei eben bei »Urvater Zeit« angelangt und dann von jemandem, der unbemerkt in den Laden eingedrungen war, niedergeschlagen worden. Und demnach sah es so aus, als sei er um Mitternacht getötet worden.

Peter Perkins glaubte das jedoch nicht.

Er war überzeugt davon, daß Fritz in der Werkstatt beschäftigt gewesen war, als der unbekannte Eindringling auftauchte und ihn erschreckte. Wahrscheinlich hatte der Einbrecher eine Waffe bei sich. Er hatte Fritz bedroht – und Fritz hatte die elektrische Uhr rückwärts in Gang gesetzt. Dann hatte der Unbekannte Fritz gezwungen, die zwölf Uhren aufzuziehen, damit es für die Polizei den Anschein erweckte, als sei der Mord um Mitternacht geschehen. Fritz, der den

Mann erkannt hatte und sein Leben bedroht sah, hatte die Zeiger der falsch gehenden Uhren absichtlich verstellt, während er sie aufzog. Er tat es im verzweifelten Bemühen, eine Nachricht zu hinterlassen. Dann war er brutal niedergeschlagen worden, und sein Mörder hatte aus dem Schreibtisch das versteckte Geld erbeutet und war unbemerkt durch die Hintertür entkommen.

Und zweifellos hatte er sich für Mitternacht ein gutes Alibi verschafft! Doch wenn das so war – wie sollten sie jemals herausbekommen, um welche Zeit der arme Fritz wirklich ermordet worden war?

Entschuldigung – ich wollte gerade einen Vorschlag machen. Wenn Peters Theorie richtig ist (und ich muß zugeben, daß sie mir recht gut gefällt), dann begann die rückwärts gehende Uhr ganz kurz vor Vollendung der bösen Tat zu laufen. Aber wie kann man von einer umgekehrt gehenden Uhr die richtige Zeit ablesen? Und wie kann man darüber hinaus erkennen, wie spät es war, als die Uhrzeiger ihre Richtung änderten?

Nach langem Überlegen war es für Peter ganz klar, wie der Mörder falsche Spuren hinterlassen hatte, um sie alle zu täuschen. Wenn er nun Kommissar Magru überzeugen könnte –

Aber Daniel Magru hatte kein Interesse daran, die Theorien eines Amateurs anzuhören. Einige Zeit später, als die Unruhe sich gelegt hatte, kam er herein und ließ sich neben Peter Perkins auf einen Stuhl fallen.

»Wir werden den Mörder finden«, sagte er grimmig. »Und den Hergang der Tat stelle ich mir so vor –«

»Herr Kommissar –« fing Peter an.

»Unterbrechen Sie mich nicht, Perkins«, brüllte Magru. »Ist Ihnen eigentlich klar, daß Sie der Hauptverdächtige sind?«

»Ich?« Der Rätselredakteur war entsetzt.

»Ja, Sie. Aber ich kann mir Sie nicht bei einer Mordtat vorstellen, also forsche ich anderswo nach. Der Mörder hat auf alle Fälle Fritz gekannt – ebenso seine Gewohnheiten und das Versteck des Geldes. Es war jemand, der sich oft genug hier aufgehalten hatte, um vom Schlüssel der Ladentür einen Abdruck machen und sich einen Nachschlüssel besorgen zu können. Ich spreche es höchst ungern aus, aber – das deutet auf jemanden hin, der hier in der Umgebung wohnt und arbeitet.«

»Richtig.« Peter nickte zustimmend.

»Fritz wurde also gestern ermordet – um Mitternacht, was wir daraus ersehen, daß er gerade seine Uhren aufzog . . .«

»Herr Kommissar«, fing Peter nochmals an, »dazu möchte ich –«

»Ich sagte: unterbrechen Sie mich nicht!« bellte Magru. »Er wurde gestern um Mitternacht umgebracht. Mrs. Murphy war aufgefallen, daß er heute den Laden nicht öffnete. Abends brachte sie eine Suppe herüber, weil sie glaubte, er sei krank, und als er sich auf ihr Klingeln nicht meldete, rief sie uns an. So entdeckten wir den Mord. Meine Leute waren fleißig. Ich habe hier eine Namensliste von fünf Männern aus den umliegenden Häusern, die Fritz gut kannten – und sie alle haben Geldsorgen. Ich bin ziemlich sicher, daß einer von ihnen der Täter ist. Da ist die Liste.«

Er zeigte Peter Perkins eine mit Bleistift geschriebene Liste von fünf Namen, die sich Peter gut einprägte. Sie lauteten:

Jack Harrison, Maler
Thomas Fentriss, Juwelier
Bill Laden, Lebensmittelhändler
Joseph Finchly, Friseur
Bob Rogers, Schlosser

»Ich tippe entweder auf Rogers, der im vorigen Monat ein neues Türschloß montiert und sich vielleicht einen Zweitschlüssel angefertigt hat, oder auf Laden, den Kaufmann, der mehrmals in der Woche Lebensmittel brachte«, erklärte Magru. »Aber auch die anderen gingen hier ein und aus und konnten sich ebenso leicht einen Nachschlüssel machen lassen. Harrison hat vor drei Monaten die Wände neu gestrichen. Finchly kam immer zum Haarschneiden her, und Fritz hat ihm vielleicht etwas mitgeteilt. Fentriss brachte Fritz Reparaturen, die für ihn zu schwierig waren. Von den fünfen kann es jeder gewesen sein.«

»Er hielt sie alle für seine Freunde«, sagte Peter bekümmert.

»Wenn es um Geld geht, ist's mit der Freundschaft vorbei«, sagte Magru. »Und Geld brauchen sie alle, aus diesem oder jenem Grund. Ich werde sie selbst verhören, und wer kein Alibi für gestern um Mitternacht hat – der ist unser Mann!«

»Aber Magru«, Peter versuchte es nochmals. »Merken Sie nicht, daß der Mörder –«

»Perkins, knobeln Sie an Ihren Rätseln weiter und überlassen Sie einen Mordfall den Fachleuten«, riet Magru. »Gehen Sie jetzt nach Hause.«

Peter Perkins nahm Stock und Hut und ging voll Sorge. Wenn Magru doch hören wollte! Aber Peter versuchte nicht noch einmal, dem Kommissar seine Vermutung klarzumachen: daß der Mörder es darauf angelegt hatte, die Polizei glauben zu machen, daß die Tat um Mitternacht begangen worden war. In Wahrheit war der Mord aber früher geschehen. Magru würde nur verächtlich schnauben, wenn Perkins von einer Uhr anfing, die in verkehrter Richtung ging, und von anderen Uhren, die eine falsche Zeit anzeigten. Könnte Perkins ihm nur erklären, was es bedeutete . . . Aber er konnte es nicht. Noch nicht.

Er ging nach Hause in seine kleine Wohnung und verbrachte vor dem Schlafengehen noch eine Stunde damit, über seinen Zeichnungen der verschiedenen Uhren zu grübeln. Aber keine Erleuchtung überkam ihn.

Er schlief schlecht, denn sein Gehirn war noch mit dem Rätsel beschäftigt. Peter Perkins war gewiß ein hervorragender Knobler, aber diese Sache hier... Nun, diesmal ging es darum, einen richtigen Mord aufzuklären, und das war eben etwas anderes.

Hm – ich wüßte gern, ob ihr auf den letzten Seiten einen wichtigen Hinweis entdeckt habt, oder ob er euch entgangen ist. Nichts bemerkt? Ihr werdet eure Sherlock-Holmes-Mütze wieder ablegen müssen. Aber nehmt es nicht zu tragisch. Auch Peter Perkins tappt noch im Dunkeln.

Am anderen Tag war Perkins in seinem kleinen Büro auf der Redaktion ungewöhnlich zerstreut. Er öffnete Leserbriefe mit Rätseln und Scherzfragen, ohne sie richtig zu lesen. Gegen Mittag rief er Kommissar Magru an.

»Entschuldigen Sie, Herr Kommissar«, sagte er, »aber ich wollte wissen, ob Sie durch das Verhör der fünf Männer, die Sie des Mordes an Fritz verdächtigen, irgendwie weitergekommen sind.«

»Nein.« Magrus Stimme klang verdrossen. »Sie haben alle ein perfektes Alibi für Mitternacht. Schon ab zehn Uhr abends. Ich konnte keinem von ihnen etwas nachweisen.«

»Aber eigentlich«, fing Peter an, »glaube ich –«

»Perkins, ich habe zu tun«, fuhr Magru dazwischen und hängte ein.

Peter legte schweren Herzens den Hörer auf. Wenn er nur mit jemandem reden könnte – mit einem anderen Rätselenthusiasten, der die Sache aus einem neuen Blickwinkel zu sehen vermochte. Er selbst war innerlich zu sehr beteiligt, zu grüblerisch damit beschäftigt. Geistesabwesend öffnete er einen Brief und las.

Der Brief enthielt ein Kryptogramm, eine chiffrierte Denksportaufgabe – recht gut gemacht. Und darunter stand: »Absender: Daniel Magru jun.«

Das waren zwei Fliegen auf einen Schlag. – Daniel Magru junior! Das mußte Kommissar Magrus Sohn sein – und auch ein begeisterter Rätselschmied! Peter notierte sich die Anschrift, griff nach Hut und Stock und eilte aus dem Büro. Ein Taxi brachte ihn in zehn Minuten ans Ziel. Ein großer, kräftiger Junge harkte im Vorgarten Laub. Peter hastete die Einfahrt hinauf.

»Daniel Magru?« fragte er.

»Oh – Tag, Mr. Perkins«, sagte der Junge. »Nach Ihrem Bild in der Zeitung habe ich Sie erkannt. Haben Sie mein Rätsel bekommen?«

»Ja, und ich werde es veröffentlichen«, sagte Peter. »Aber hergekommen bin ich wegen etwas viel Wichtigerem.«

In Eile berichtete er Danny Magru alles über Fritz Sandor und die verdrehten Uhren.

»Also«, schloß er, »ich glaube bestimmt, daß er eine Nachricht hinterlassen wollte, als er die Zeigerstellung an diesen Uhren änderte.« Der Junge nickte. »Nun schau her, hier habe ich eine Zeichnung davon gemacht.« Er zeigte Danny eine Skizze der auffallend verstellten Uhren.

Verdrehte Uhren

»Es muß irgendein Code sein«, meinte Peter. »Fritz war darin sehr bewandert. Wahrscheinlich erwartete er von mir, daß ich diesen hier entziffern könne. Er wußte, ich würde begreifen, daß er uns eine Nachricht zu hinterlassen versuchte. Aber ich weiß mir keinen Rat, wie ich einen Code an so wenigen Zeichen erkennen soll. Vielleicht siehst du noch etwas, was mir entgangen ist.«

Der Junge runzelte die Stirn.

»Ich möchte wetten, daß es eine Code ist«, sagte er. Geistesabwesend setzte er sich auf die Vortreppe. Peter ließ sich neben ihm nieder. Beide betrachteten kritisch die Zeichnung mit den rätselhaft verdrehten Uhren. Schließlich blickte Danny Magru auf.

»Wissen Sie«, sagte er, »diese Uhrzeiger erinnern mich an Nachrichtenübermittlung durch einen Flaggentelegraphen –«

»Ja!« Peter Perkins packte ihn beim Arm. »Der Semaphor-Code! Fritz war in seiner Militärzeit als junger Mann bei einer Funkereinheit – er kannte natürlich den Semaphor-Code. Aber ich kenne ihn nicht. Ich habe mich bisher nur mit Geheimschriften befaßt.«

»Ach, lassen Sie, Mr. Perkins, wahrscheinlich irre ich mich«, sagte Danny Magru. »Ich bin Pfadfinder und kenne das Flaggenalphabet, aber die Zeigerstellungen hier bedeuten gar nichts. Ein paar zusammenhanglose Buchstaben, und manche sind gar keine Buchstaben.«

»Aber das ist es ja eben!« Peter Perkins hatte vor Aufregung glänzende Augen bekommen. »Die Uhren zeigen nicht die Zeit an, die Fritz eingestellt hatte – sie sind doch alle weitergelaufen, seit das geschehen ist. Um die Botschaft entziffern zu können, müßten wir wissen, wann die Zeiger verstellt wurden, und herausfinden, wie sie ursprünglich gestanden hatten.«

»Au weh – das dürfte wohl unmöglich sein«, sagte der Junge seufzend. »Mr. Sandor hatte eine gute Idee, aber er stellte sich nicht vor, wie knifflig seine Nachricht für uns ist.«

»Aber sicher, Danny, sicher!« Peter Perkins schrie es beinahe heraus. »Deshalb ließ er die andere Uhr rückwärts laufen. Was kann man von einer Uhr, die steht, ablesen?«

»Einfache Sache. Die genaue Zeit – zweimal am Tag.«

»Und was kann man von einer Uhr ablesen, die stetig in die verkehrte Richtung läuft – die ganz genau geht, aber immer weiter in die Vergangenheit zurückläuft?«

»Das weiß ich nicht.« Danny Magru starrte Peter an. »Was für Uhren können denn rückwärts gehen?«

»Die ganz alten Elektrouhren, diese ersten Modelle. Die hatten so simple Motoren, daß man sie vor- oder rückwärts laufen lassen konnte«, sagte Peter. »Jetzt sieh mal her.«

Er zeigte dem Jungen die Skizze, die er am Abend zuvor von der elektrischen Uhr gemacht hatte.

»Also war es genau sechs Uhr vierzig«, überlegte Danny. »Aber die verkehrt gehende Uhr zeigte zehn nach zwölf.«

»Und wenn diese Uhr von der richtigen Zeigerstellung aus rückwärts zu laufen begann, wie ich vermute – dann wächst der Unterschied zwischen ihrer Zeitangabe und der genauen Zeit mit jeder verstreichenden Minute um zwei Minuten«, stellte Peter fest.

»Mhm – ja.« Der Junge rechnete es im Kopf nach. »Aber die Zeiger bewegen sich auf einen Treffpunkt zu – das ist die genaue Zeit, und die bekommen wir zweimal am Tag, weil die Entfernung mit jeder Minute um zwei Minuten geringer wird.«

»Wenn wir also die Zeiger der verkehrt gehenden Uhr immer weiter zurückstellen und die der richtig gehenden Uhr immer weiter vorrücken, dann ist der Punkt, an dem beide die gleiche Zeit anzeigen, der Zeitpunkt, zu dem diese eine Uhr verkehrt in Gang gesetzt wurde. Oder mit anderen Worder ungefähre Zeitpunkt des Mordes an Fritz!« rief Peter aus. »Oh, da ist noch etwas.«

»Stimmt was nicht, Mr. Perkins?« fragte Danny.

»Wir haben einen Fehler gemacht«, stöhnte Peter Perkins. »Da eine Uhr vorwärts und die andere rückwärts geht, haben die Zeiger alle sechs Stunden die gleiche Stellung – also viermal in vierundzwanzig Stunden. Zwei dieser Zeitangaben entsprechen dem Augenblick, als beide Uhren losliefen, und die zwei anderen sind sechs Stunden von dieser Zeit entfernt.«

»Du liebe Zeit«, seufzte Danny. »Wie bekommen wir jemals heraus, was die eine und was die andere Zeit ist?«

Peter Perkins dachte mit gefurchter Stirn eine ganze Minute lang konzentriert nach. Dann glättete sich sein Gesicht allmählich.

»Ich glaube, ich habe es«, sagte er. »Die Verdächtigen haben alle ab zehn Uhr abends ihr Alibi, und wir wissen sicher, daß das Verbrechen nach sechs Uhr abends begangen wurde. Das bedeutet, daß die Tatzeit in Wirklichkeit zwischen sechs und zehn Uhr liegt. Stimmt's?«

»Ja, Mr. Perkins.« Danny nickte. »Das stimmt haargenau.«

»Dann stellen wir uns den nächsten Zeitpunkt vor, zu dem die Zeiger wieder die gleiche Stellung haben – das heißt hätten, wenn beide Uhren noch gingen. Falls er zwischen sechs und zehn Uhr liegt, sagt uns dies, daß es der gesuchte Zeitpunkt ist. Falls er zwischen zehn und vier Uhr liegt, nehmen wir das übernächste Zusammentreffen, das genau sechs Stunden später stattfindet.«

»Genauso ist es.« Danny überlegte kurz und nickte dann. »Man muß ein wenig nachdenken, aber ich verstehe es jetzt. Es wäre einfacher herauszufinden, wenn wir zwei Uhren hätten und die Zeiger wirklich verstellen könnten. Nehmen wir doch Ihre und meine Armbanduhr und stellen wir darauf die beiden Zeiten aus Ihrer Skizze ein, und dann drehen wir die eine Uhr vor die andere zurück, bis –«

»Nein, nein – wir könnten das zwar tun«, sagte Peter, »aber wir bekommen es im Kopf sogar noch schneller heraus. Die rückwärts gehende Uhr läuft ab zwölf Uhr zehn zurück. Die richtig gehende Uhr hingegen läuft ab sechs Uhr vierzig vorwärts. Die Differenz beträgt in diesem Augenblick – warte mal – fünf Stunden und dreißig Minuten. Dreihundertunddreißig Minuten. Da sich beide zeitlich aufeinander zubewegen, treffen sie sich – das heißt, zeigen sie die gleiche Zeit – nach genau der Hälfte dieser Anzahl von Minuten. Die Hälfte von dreihundertdreißig ist hundertfünfundsechzig; das macht zwei Stunden und fünfundvierzig Minuten. Zählen wir zwei Stunden und fünfundvierzig Minuten zu sechs Uhr vierzig hinzu, und wir erhalten – Augenblick – neun Uhr fünfundzwanzig. Oder ziehen wir zwei Stunden und fünfundvierzig Minuten von zwölf Uhr zehn ab, und wir bekommen ebenfalls – habe ich richtig gerechnet? – ja, das ergibt wiederum neun Uhr fünfundzwanzig. Mit anderen Worten: die beiden Uhren werden um neun Uhr fünfundzwanzig die gleiche Zeigerstellung haben, und dieser Zeitpunkt liegt in der in Frage kommenden Spanne zwischen sechs und zehn Uhr. Und somit –«

»Somit setzte Mr. Sandor die elektrische Uhr um neun Uhr fünfundzwanzig verkehrt in Gang!« rief der Junge.

»Genau«, bestätigte Peter. »Zu diesem Zeitpunkt sahen die beiden Uhren so aus.«

Er machte noch eine Skizze.

Auftauchen des Verbrechers

Start der Uhr im verkehrten Zeigersinn

»Wir wissen nun, zu welcher Zeit Fritz die Zeiger an den sieben anderen Uhren verrückt hat«, sagte Perkins. »Gib noch etwa fünf Minuten zu – dann wäre es ungefähr halb zehn Uhr gewesen, als er sie aufzog und an den Zeigern drehte, um eine Nachricht zu hinterlassen.«

»Und es war sechs Uhr fünfundvierzig, als Sie sie gesehen und aufgezeichnet haben«, sagte Danny Magru eifrig. »Die Differenz zwischen neun Uhr dreißig und sechs Uhr fünfundvierzig beträgt zwei Stunden und fünfundvierzig Minuten. Wenn wir diese zwei Stunden und fünfundvierzig Minuten zu der festgehaltenen Zeitangabe jeder dieser Uhren hinzuzählen, erhalten wir die Zeigerstellung, die Mr. Sandor hinterließ, ehe er getötet wurde.«

»Das werden wir in einer Sekunde haben, mein Junge!«

Es dauerte einige Sekunden. Aber dann hatte Peter eine weitere Zeichnung fertig:

Die von Mr. Sandor gewählten Zeigerstellungen

Dann kritzelte er mit ein paar hastigen Strichen unter jede Uhr ein Männchen mit Signalflaggen in der Stellung der Uhrzeiger. »Hier – bedeutet das etwas?«

»Aber sicher, Mr. Perkins!« sagte Danny. »Im Flaggenalphabet bedeutet das –«

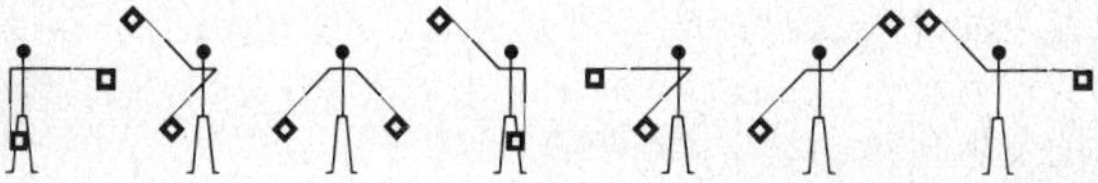

Und er malte mit dem Bleistift unter jede Figur einen Buchstaben. Peter starrte darauf nieder und schluckte mühsam.

»Danny«, sagte er, »das ist der Name eines der Verdächtigen auf der Liste deines Vaters. Du hast das Geheimnis gelüftet. Aber jetzt müssen wir beide deinem Vater beibringen, daß wir recht haben – und ihn dazu bewegen, den Mörder nach einer sehr ungewöhnlichen Methode zu überführen. Du siehst doch ein, daß kein Gericht auf die Beweiskraft der gelungenen Nachrichtenübertragung unseres armen Fritz auch nur das geringste geben würde?«

Bitte fühlt euch nicht übergangen. Wir haben den Namen des Mörders nur deshalb nicht genannt, damit ihr noch das Vergnügen habt, ihn selbst zu entdecken. Ich glaube bestimmt daß ihr die Sache mit den Uhren jetzt begriffen habt. Ich selbst hatte sie nach nur viermaligem Erklären genau verstanden. Aber ihr meint, ihr kennt das Flaggenalphabet nicht? Das ist natürlich eine äußerst bedauerliche Bildungslücke. Dennoch braucht ihr euch nicht hinter Unwissenheit zu verschanzen. Es gibt da noch einen Hinweis, den Peter Perkins ebenfalls übersehen hat, den man aber ohne besondere Kenntnisse entdecken und anwenden kann. Ihr könnt zurückblättern und danach suchen, wenn ihr diesen Knobeltest noch mit »genügend« bestehen wollt. Oder ihr könnt es euch leicht machen und weiterlesen – hier ist der Schluß unserer kleinen Denksportaufgabe.

Schluß

Eine seltsame kleine Schar versammelte sich noch am selben Abend im großen Hinterzimmer von Fritz Sandors Uhrenklinik. Zunächst waren das Kriminalkommissar Magru und ein halbes Dutzend Polizisten. Dann kamen die fünf Tatverdächtigen: Jack Harrison, Bill Laden, Joseph Finchly, Bob Rogers und Thomas Fentriss. Danny Magru hielt sich im Hintergrund, nervös vor Spannung. Und schließlich war Peter Perkins anwesend.

Peter aber war unkenntlich. Er trug ein weißes Gewand, einen riesigen Turban und einen sehr echt wirkenden falschen Bart – das alles stammte aus einem Kostümverleih.

Die Zusammenkunft war seine Idee. Nachdem Danny Magru seinen Vater dazu bewogen hatte, sich anzuhören, was er und Peter herausgefunden hatten, hatte Peter den Kommissar darauf hingewiesen, daß nun zwar der Name des Mörders bekannt sei, aber noch kein Indiz existiere. Der Täter könne jedoch zu einem Geständnis veranlaßt werden. Nach langem Hin und Her hatte Magru seine Zustimmung erteilt.

In seiner Verkleidung saß Peter an einem kleinen Tisch. Die Verdächtigen saßen ihm im Halbkreis gegenüber. Die Tür war von Polizisten bewacht.

»Also, Leute«, sagte Magru barsch, »ihr seid alle hier freiwillig versammelt, um uns bei der Aufklärung des Mordes an Fritz Sandor zu helfen, denn ihr wart seine Freunde. Ich erkläre euch jetzt, worum es geht. Prinz Ali hier« – er wies auf den verkleideten Rätselonkel – »ist ein Magier. Gestern nacht erhielt er von Fritz eine Botschaft aus dem Jenseits. Sie besagte, daß die Uhren, die Fritz in seiner Todesnacht beim Aufziehen verstellte, den Namen des Mörders nennen würden. Aber als wir hierherkamen, waren die Uhren alle abgelaufen.«

Es stimmte. Keine der Uhren tickte mehr. Die Polizei hatte sie nicht aufgezogen.

»Nun«, fuhr der Kommissar fort, »Prinz Ali wird versuchen, heute abend erneut mit Fritz Sandors Geist Verbindung aufzunehmen, um zu erfahren, wer ihn getötet hat.«

In der kleinen Gruppe der fünf Männer regte sich Unbehagen, aber keiner von ihnen protestierte. Peter wußte, daß der Mörder sich daran erinnerte, wie Fritz die Uhrzeiger verdreht hatte. Ihm würde jetzt nicht wohl in seiner Haut sein.

»Also los«, sagte Magru. »Wir schalten jetzt das Licht aus und überlassen das weitere Prinz Ali.«

Peter Perkins schloß die Augen wie in tiefer Meditation. Plötzlich gingen alle Lichter aus, und der Raum war stockfinster. Peter ließ eine lange Minute verstreichen, ehe er mit dumpfer Grabesstimme zum Sprechen ansetzte.

»Fritz Sandor«, sagte er, »bist du da? Ist dein Geist gegenwärtig?«

Man hörte im Raum keinen Laut außer dem erregten Atmen der anderen Männer. Einer hustete nervös.

»Fritz Sandor«, sagte Peter, »im Leben hattest du keine Stimme. Wenn du nicht sprechen kannst, so begreifen wir das. Gib dich auf andere Weise zu erkennen. Bist du hier?«

Ganz langsam wurde über den Köpfen der Anwesenden das Wort J–A sichtbar – nur ein blaßblaues Glimmen, gleichsam in die Luft geschrieben.

Jemand ließ ein ersticktes Keuchen hören. Das Wort verschwand.

»Ist dein Mörder hier unter uns?« fragte Peter.

Wieder glomm das Wort J-A wie ein blaßblaues Feuer in der Luft auf.

Jemand unterdrückte gewaltsam einen Aufschrei.

»Wurdest du vorgestern um Mitternacht getötet?«

Diesmal erschienen die Buchstaben N-E-I-N im leeren Raum.

»Wurdest du um halb zehn Uhr getötet?«

J-A.

»Hast du uns eine Botschaft hinterlassen, die den Verbrecher entlarvt, indem du die Zeiger verstelltest, als er dich zwang, die Uhren aufzuziehen?«

J-A.

Jemand atmete hastig und vernehmlich.

»Die Uhren sind stehengeblieben. Nenne uns den Namen nochmals auf andere Weise.«

Ein Stuhl knarrte, als ob sich in der Finsternis jemand zum Aufstehen anschickte. Einen endlosen Augenblick lang geschah gar nichts. Dann schimmerte auf dem Glasdeckel einer der alten Standuhren der Buchstabe F in schwachem blauem Licht. Es folgte ein I, dann ein N, dann ein C, dann H, ein L, ein Y. Da leuchtete es ausgeschrieben im Dunkel: F-I-N-C-H-L-Y.

»Nein!« rief jemand. »Ich war es nicht! Ich war es nicht!«

Man hörte hastiges Füßegetrappel und einen lauten Aufschrei.

»Licht!« befahl Magru.

Das Licht ging an. Alle sahen Finchly, den Friseur, der an der Tür mit einem Polizisten rang.

»Er wollte mich verraten«, rief der dicke Mann laut. »Er hatte gemerkt, daß ich heimlich in meiner Wohnung Pferdewetten annehme und ein privates Zahlenlotto mache. Er wollte mich verraten!«

»Schon gut«, sagte Magru. »Nehmt ihn mit zur Wache. Ich meine, unsere kleine spiritistische Sitzung ist vorüber.«

Viel später klopfte Magru seinem Sohn stolz auf die Schulter und sah Peter Perkins strahlend an.

»Der Junge hier wird mir Kriminologie studieren«, sagte er. »Aber sagen Sie, Peter, wie sind Sie bloß auf die Idee mit diesem blauen Licht und den gemalten Buchstaben auf Musselinstreifen gekommen, die meine Leute in die Höhe halten mußten, während Danny eine ultraviolette Lampe daraufrichtete?«

»Ach, das«, sagte Peter. »Nun, gestern geriet ich zufällig in das Haus der Schrecken, und da fiel mir auf, wie furchterregend diese Leuchtfarbe mit ultraviolettem Licht wirken kann. Ich habe mir von Finchly schon hundertmal die Haare schneiden lassen und weiß, daß er abergläubisch ist – er trägt eine Hasenpfote bei sich und macht seinen Laden nicht auf, wenn der Dreizehnte auf einen Freitag fällt. Da dachte ich mir, daß er mit einem Mord auf dem Gewissen die Nerven verlieren müßte.«

»Und das tat er«, sagte Magru. »Peter, wenn Sie das nächste Mal eine Theorie entwickeln, höre ich auf Sie. Jawohl, darauf können Sie sich verlassen.«

Er klopfte dem Rätselonkel so kräftig auf die Schulter, daß diesem der Turban vom Kopf fiel. Aber Peter faßte es als Kompliment auf.

Alfred Hitchcock meint: *Wenn ihr wieder einmal einem Geist begegnet, so nehmt ihn nicht ernst – zweifellos ist es nur ein Rest Leuchtfarbe; es sei denn, ihr hättet ein schlechtes Gewissen. Falls noch irgendwelche Zweifel an euch nagen, wie Fritz Sandors geniale Nachrichtenübermittlung funktionierte, so nehmt ein paar Uhren zur Hand (möglichst nicht gerade die besten Familienstücke!) und setzt die Folgerungen von Peter Perkins und Danny Magru in die Tat um. Dreht nur die Uhrzeiger wie beschrieben; ich meine, ihr müßtet merken, wie einfach, glatt und genau alles aufgeht. Sollte es nicht der Fall sein, so werde ich allen Tadel unbarmherzig auf den Druckfehlerteufel abwälzen . . .*

Und der Hinweis, den ich erwähnte und der Peter entging? Wirklich, ich verrate euch das ausgesprochen ungern. Es ist so einfach, daß ich . . . Na schön, wenn ihr es unbedingt wollt: Blättert zurück, und ihr werdet finden, daß genau sieben Uhren verstellt wurden, um die chiffrierte Nachricht zu übermitteln. Es gab aber nur einen Verdächtigen, dessen Name sieben Buchstaben hatte. Deshalb hättet ihr in Finchly den Täter leicht herausfinden können, nicht wahr? Und wenn ihr die Uhren schon nicht gezählt habt – bitte, wie heißt unsere Geschichte? Na also! Auf den wichtigsten Anhaltspunkt, den ihr brauchtet, hat man euch mit der Nase gestoßen. Doch so leicht ist zu übersehen, was offen zutage liegt, nicht wahr? Nun aber weiter zum nächsten Fall!

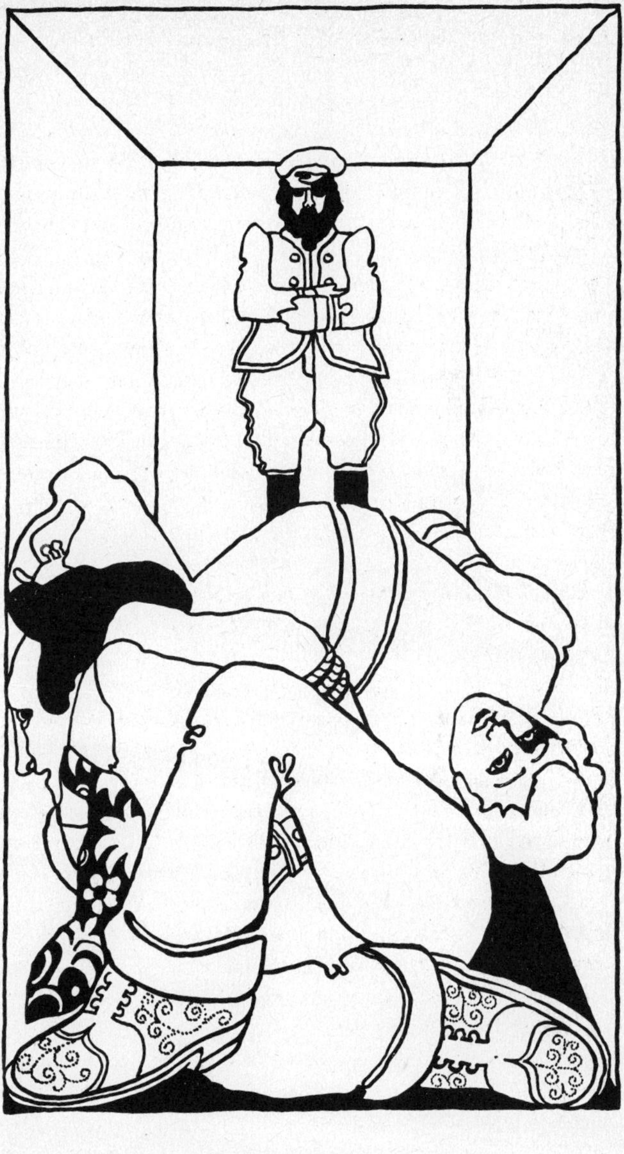

Alfred Hitchcock hat das Wort: *Meine Hochachtung gehört den Autoren von Gruselgeschichten. Schließlich brauche ich ihre Hilfe, um meine spannenden Filme herzustellen. Ganz wohl fühle ich mich allerdings in Gegenwart dieser Schriftsteller nicht. Sie haben eine bewegte und irgendwie düstere Phantasie, und ich habe noch keinen kennengelernt, der nicht so aussah, als wolle er mir in seinem nächsten Buch die Rolle der Leiche zuweisen. Zum Glück beschränkt sich ihre kriminelle Betätigung im allgemeinen auf das gedruckte Wort. Wie ihr gleich sehen werdet, können sich jedoch seltsame Dinge ereignen, wenn ein Gruselautor in sein selbst erdachtes Geschehen verwickelt wird ... Freilich finden sich Hinweise. Aber könnt ihr sie rasch genug finden, um das Geheimnis zu enträtseln?*

Das Geheimnis des Mannes, der sich in Luft auflöste

Kriminalgeschichten begeisterten Jeff Landrum, seit er überhaupt lesen konnte. Er hatte immer geglaubt, es gebe keine Spielart, die er nicht mochte. Und doch gab es, das war ihm jetzt klargeworden, eine, woraus er sich gar nichts machte: eine Gruselgeschichte nämlich, in welcher er selbst vorkam oder – um es genau zu sagen – eines der Opfer war.

Jeff biß verzweifelt auf dem rauhen Hanfseil herum, mit dem die Handgelenke seines Freundes gefesselt waren. Er hatte Angst, weigerte sich jedoch, das zuzugeben. Er nagte schon zehn Minuten an dem Knoten, um ihn zu lockern, und er konnte gerade spüren, wie er allmählich nachgab.

»Schneller, Jeff!« Das war nur geflüstert, ganz leise, damit der Mann vor der Tür es nicht hören konnte. »Wir haben nicht mehr viel Zeit.«

Wortlos arbeitete Jeff weiter. Für seine Größe war er etwas untersetzt, aber die Körperfülle wirkte bei ihm nicht weichlich. Mit der Entschlossenheit eines Terriers kaute er an dem Seil, obwohl Lippen und Zunge von den rauhen Hanffasern schon ganz wundgescheuert waren.

Doch nun hatte sein Speichel das Seil durchfeuchtet, es war nicht mehr so steif und hart. Wütend schlug er die Vorderzähne hinein. Und da fühlte er, wie die Fessel sich lokkerte.

»So ist's fein, mein Junge.« Das Flüstern gab ihm Mut. »Durchhalten!«

Jeff ruckte heftig mit dem Kopf und spürte, wie der Knoten sich löste. Aber ehe er weitermachen konnte, hörte er den Mann, dessen Gefangene sie waren, ins Zimmer treten. Er ging geradewegs auf die Stelle bei den Bücherregalen zu, wo Jeff und sein Freund auf dem Fußboden lagen, und beugte sich über die beiden. Da wurde es Jeff mit übelkeiterregender Gewißheit klar, daß die ungeheuerlichen Vorkommnisse, in die er hier geraten war, sich ihrem Ende näherten.

Es hatte dort begonnen, wo der Anfang einer Gruselgeschichte ganz natürlich schien: bei einer Verbandstagung der Verfasser von Kriminalgeschichten.

In dieser Gruppe, von den Mitgliedern nach den Anfangsbuchstaben des Verbands VKG genannt, hatten sich fast alle Schriftsteller dieses Fachs zusammengeschlossen. Seit Jahren hatte Jeff ihre Geschichten gelesen, ohne viel darüber nachzudenken, wer sie verfaßt hatte. Wenn er sich die Autoren überhaupt vorstellte, dann als sonderbare Käuze, die wahrscheinlich auf einsamen alten Herrensitzen lebten, durch dicke Brillengläser auf die Tasten ihrer Schreibmaschine blinzelten und gelegentlich aufstanden und zum Bücherschrank traten, um in einer alten Scharteke etwas über seltene Gifte nachzulesen.

Er war darum sehr überrascht, als er erfuhr, daß sein Englischlehrer, Mr. Howard Matthew, Gruselgeschichten schrieb. Mr. Matthew hatte sandfarbenes Haar und zwinkernde braune Augen, die keine Brille brauchten. Er war früher Hochschulsieger im Hochsprung gewesen, hatte eine reizende Frau und drei lärmende, nudeldicke Töchter, und im Unterricht erzählte er gern lustige Geschichten.

Sobald Jeff herausbekommen hatte, daß einige der haarsträubendsten Geschichten, die er je gelesen hatte, und die von einer offenbar dunklen Existenz namens Daniel Doom stammten, in Wahrheit das Werk von Mr. Matthew waren, beschloß er, so etwas auch zu schreiben.

Er machte sich sogleich an die Arbeit und fand, daß es viel schwieriger war, als er geglaubt hatte. Aber er hielt durch, und nach einem Monat hatte er etwas zustande gebracht, was tatsächlich ein wenig einer Kurzgeschichte glich. Allerdings mußte Jeff zugeben, daß es damit noch nicht sehr weit her war.

Er lieferte sein Werk im Englischunterricht ab, und es endete damit, daß Mr. Matthew Jeff einlud, ihn zur Tagung der VKG zu begleiten. Jeff kam mit, aufs äußerste gespannt. Überrascht stellte er fest, daß ein solcher Schriftstellerverband kein bißchen anders aussah als eine Gruppe ganz normaler Männer und Frauen. Einige waren klein, andere groß, einige ziemlich beleibt, und ein paar Männer trugen Bärte. Alle wirkten liebenswürdig und freundlich, obwohl man es einem Unbeteiligten, der ihnen beim Gespräch über Ausführung von Mordtaten und Beseitigung von Leichen zuhörte, nicht verübeln könnte, wenn er die Polizei gerufen hätte.

Andererseits interessierte es Jeff brennend, wie Schriftsteller, die früher für ihn nur als Namen existiert hatten, plötzlich zu lebendigen Menschen wurden. Erle Stanley Gardner, der geistige Vater des bekannten »Perry Mason«, stellte sich als stämmiger, energisch auftretender Anwalt heraus, der Jeff erzählte, wie er als junger Mann seine ganzen Fähigkeiten eingesetzt hatte, um die Unschuld eines chinesischen Mandanten zu beweisen. Auf diese Weise hatte er sich bei der chinesischen Einwohnerschaft große Achtung verschafft und viel Erfahrung gesammelt, die er später in seinen Büchern verwertet hatte.

Der ebenso berühmte Ellery Queen entpuppte sich als Autorenpaar, das gemeinsam arbeitete. Jeff konnte die richtigen Namen nicht behalten; also nannte er den einen für sich Mr. Ellery und den anderen Mr. Queen.

Der große Merlini jedoch, ein großer, magerer Mann, der unter diesem Pseudonym Bücher über Magie schrieb, erwies sich selbst als Zauberkünstler. Als Jeff ihn begrüßte, spürte er zu seinem Entsetzen eine vom Körper losgelöste Hand in der seinen. Der große Merlini behauptete allen Ernstes, Jeff habe einen sehr kräftigen Händedruck, und verlangte seine Hand zurück. Darauf zog er sein Taschentuch hervor, das sich in ein Ei verwandelte, und nach dem Aufschlagen quoll meterweise farbiges Band daraus hervor.

Diese Vorführung wurde beendet durch die Ankündigung, daß im angrenzenden Raum ein Sachverständiger des Polizeipräsidiums einen Vortrag über die Beweisführung anhand von Blutspuren halten werde. Es klang recht interessant, aber Mr. Matthew nahm Jeff beim Arm und steuerte ihn auf die Treppe zu, die zu dem ausgezeichneten französischen Restaurant im Stockwerk darunter führte. Dort hatten sie vorher zu Abend gegessen.

»Ich schreibe über phantastische Begebenheiten, Jeff«, sagte Mr. Matthew, »da brauche ich von etwas so Technischem wie Blutspuren-Identifizierung nichts zu wissen. Und ich glaube auch, daß es dich mehr interessieren wird, Harley Newcomb kennenzulernen. Er sitzt unten bei einer Tasse Kaffee.«

»Harley Newcomb?« Jeff hatte den Namen zu Hause oft gehört. Sein Vater war von Newcombs Büchern begeistert. »Das ist doch der Verfasser all dieser spannenden Geschichten, die hinter verschlossenen Türen spielen, nicht wahr?«

»Verschlossene oder sonst irgendwie abgedichtete Räume – immer scheint es unmöglich, daß darin ein Verbrechen begangen werden konnte. Er ist wirklich ein glänzender Schriftsteller, und das Schreiben ist seine ganze Freude. Es ist gar nicht einfach, ihn zu solchen Zusammenkünften zu bringen, wo er seine Freunde treffen kann. Sieh ihn dir an, dort am Tisch – sogar jetzt ist er beim Schreiben.«

Am anderen Ende des Raumes sah Jeff einen kleinen Mann mit ziemlich langem, schneeweißem Haar, der mit dem Gesicht zur Wand an einem Tisch saß und eifrig in ein großes Heft kritzelte.

»Wie – das ist doch Mr. Newcomb, der in dem Häuschen auf Pit Higgins Grundstück wohnt!« rief Jeff.

»Richtig. Wir sind sozusagen Nachbarn. Aber er lebt ganz zurückgezogen, weil er nicht als der berühmte Harley Newcomb erkannt werden will. Er fürchtet, die Leute könnten ihn bei der Arbeit stören.«

Als sie näher kamen, sah Harley Newcomb durch eine altmodische Goldrandbrille zu ihnen auf.

»Ach, Howard – Sie sind's«, sagte er. »Haben wir uns nicht oben schon gesehen?«

»Doch, Harley.« Mr. Matthew stellte Jeff vor. »Immer an der Arbeit?« Er wies auf das Heft.

»O ja, gewiß«, bestätigte der Schriftsteller eifrig. »Setzt euch, ihr beiden. Für mich ist es Zeit, aufzuhören. Schlechte Angewohnheit, immer und überall zu schreiben.«

Er klopfte auf das Heft. »Mein fünfzigstes Buch!« sagte er stolz. »Und mehr noch: es wird eines der geheimnisvollsten und spitzfindigsten, die ich je geschrieben habe.«

»Oh – wirklich?« fragte Mr. Matthew. »Wenn man an die verflixten Fälle denkt, die Sie bisher beschrieben haben, will das etwas heißen.«

»Es geschieht folgendes.« Der kleine Mann beugte sich weiter vor. Seine Augen funkelten hinter den Brillengläsern. »Der Held ist in seinem Landhaus allein. Es hat massive Steinmauern und einen Zementboden. Einen offenen Kamin gibt es nicht. Der Mann telefoniert mit einem Freund und erzählt, daß er mit einem alten Zauberspruch experimentiere, den er in einem wenig bekannten Buch über die Schwarze Kunst entdeckt habe. Dieser Spruch kann angeblich Menschen verschwinden lassen. Plötzlich ruft er ›Hilfe! Hilfe! Ich schrumpfe!‹, und die Verbindung ist unterbrochen.«

Er kicherte und sah Jeff an. »Und was glaubst du, was dann geschieht?«

»Das weiß ich nicht, Mr. Newcomb«, sagte Jeff. »Aber es klingt phantastisch. Wenn es nicht nur ein Spaß ist.«

»Ein Spaß!« Harley Newcombs Stimme klang vorwurfsvoll. »Meine Geschichten sind niemals Spaß. Der Freund alarmiert die Polizei. Sie finden die Tür des Landhauses von innen verschlossen. Alle Fenster sind mit dicken Brettern vernagelt – von innen. Als sie die Tür aufbrechen, stellen sie fest, daß auch sie mit schweren Balken verrammelt worden war – und ebenfalls von innen. Das ganze Haus ist von innen hermetisch abgeriegelt, so daß nicht einmal eine Maus herausgelangen könnte. Falltüren oder Geheimgänge gibt es nicht – nichts dergleichen. Aber der Mann ist weg, vom Erdboden verschwunden – in Luft aufgelöst in einem Raum, woraus es kein Entkommen gibt!«

»Lieber Himmel«, sagte Jeff, von Ehrfurcht ergriffen. »Wo nehmen Sie Ihre Ideen her, Mr. Newcomb?«

»Irgendwo und überall«, erwiderte der Schriftsteller und schob das Heft in die Tasche. »Diese hier ergab sich zufällig aus einem Gespräch mit einem Bekannten. Das war – Augenblick, heute ist der Einundzwanzigste . . . Das war am Ersten, also habe ich nun einundzwanzig Tage an meinem Buch geschrieben. Aber bis Ende des Monats soll es fertig sein.«

Er sprang auf. »Ich muß nach Hause«, sagte er. »Gerade ist mir ein neuer Einfall gekommen, und wahrscheinlich werde ich die Nacht durch schreiben. Besuchen Sie mich im nächsten Monat, Matthew, und bringen Sie Ihren jungen Freund mit.«

Und damit eilte der kleine weißhaarige Schriftsteller davon.

»Wir sollten uns wohl auch auf den Weg machen, Jeff«, meinte der Lehrer. »Wir haben zwei Stunden zu fahren.«

Jeff grübelte über den Abend nach, als sie nach Hause zurückfuhren. Es war wahrhaftig hochinteressant gewesen.

»Mr. Matthew«, fragte er, »glauben Sie, daß ich wirklich eine Geschichte schreiben könnte, die sich drucken ließe?«

»Sicher, Jeff«, antwortete der Lehrer. »Wenn dein Wille nur stark genug ist. Natürlich mußt du dir darüber klar sein, daß du mindestens einige Jahre mit Lernen zubringen müßtest. Aber manche Autoren haben doch recht jung angefangen. Robert Bloch, der Autor von ›Psycho‹, den du heute kennengelernt hast, verkaufte schon mit siebzehn seine ersten Erzählungen. Und du kennst doch Frankenstein.«

»Ja. Das ist eine großartige Geschichte. Ich kenne den Film vom Fernsehen.«

»Aha. Es ist kaum glaublich, aber das Drehbuch stammt von einer Neunzehnjährigen. Du siehst also, daß es zu schaffen ist.«

Noch während der Heimfahrt versuchte Jeff zu entscheiden, ob er tatsächlich Bücher schreiben wollte oder in Wirklichkeit nur ein begeisterter Leser war. Zum Glück für seinen Seelenfrieden konnte er nicht wissen, wie bald er selbst eine Kriminalgeschichte erleben würde – verwirrender und phantastischer als alles, was er bisher gelesen hatte.

In der Woche nach seinem Besuch der VKG-Tagung hatte Jeff nicht viel Zeit zum Lesen. Außer Zeitungsaustragen und Schularbeiten beschäftigte ihn die Spendensammlung für die alljährliche Verkaufsaktion zugunsten des Sportvereins. Aus dem Erlös unterhielt der Verein eine Baseballanlage für die Jugendmannschaft und ein Ferienlager. Es kamen stets so viele Spenden, daß der Verkauf in einer Scheune abgehalten werden mußte und deshalb Scheunenbazar genannt wurde.

Immer kamen zum Scheunenbazar einige tausend Leute, die vom gebrauchten Kühlschrank bis zu den zu klein gewordenen Babyschuhen alles kauften. Schon Wochen vorher begannen die Vorarbeiten: erst der Aufruf an die Einwohnerschaft, die Spenden bereitzulegen, und dann mußten Leute losgeschickt werden, die sie einsammelten.

Jeff hatte alle Zeitungsabonnenten in seinem Bezirk an den Bazar erinnert, und man hatte ihm Spenden aller Art versprochen: Kleider, Bücher, altes Werkzeug, Radioapparate, beschädigte Möbelstücke, zwei Kühlschränke und sogar drei Ballen Heu. Die schweren Gegenstände mußten mit Lastwagen abgeholt werden; im übrigen bot Mr. Matthew Jeff an, mit ihm am Samstag in seinem Wagen herumzufahren und den Rest der Sachen einzusammeln.

Sie stapelten im hinteren Teil des Wagens und im Kofferraum Kartons voller Kleider, Schuhe jeder Größe, jeden Alters und jeder Art, Werkzeuge und Bücher, und dann fuhren sie zu Pit Higgins Hof. Pit besaß die einzige leerstehende große Scheune im Umkreis, und deshalb wurde der Bazar immer dort abgehalten.

Als sie in den langen Feldweg einbogen, der durch das Anwesen zur Scheune führte, fiel Jeff ein, daß der Schriftsteller, den er kennengelernt hatte, Harley Newcomb, hier in einem von Pit erbauten Häuschen lebte. Ob der Grusel-Autor sein Buch, von dem er erzählt hatte, wohl fertig haben mochte?

»Wahrscheinlich«, sagte Mr. Matthew auf Jeffs Frage. »Er sagte uns, er sei Ende des Monats fertig, und heute ist der Dreißigste. Er hat uns ja eingeladen, bei ihm hereinzuschauen. Vielleicht gehen wir hin, wenn wir den Wagen entladen haben, und wenn er mit der Arbeit fertig ist, hat er uns sicher etwas Spannendes zu erzählen. Er kannte auch Arthur Conan Doyle, der die Sherlock-Holmes-Bücher geschrieben hat.«

Sie fuhren um eine Baumgruppe herum und hielten auf dem großen, staubigen Platz vor dem baufälligen Bauernhaus mit dem lange nicht erneuerten Verputz, das Pit Higgin mit seiner Frau bewohnte. Das Gemecker einer Schar an die Stämme gebundener Ziegen begrüßte sie, und der Bauer, ein vierschrötiger Mann in mittleren Jahren, dem das Haar in den Kragen seines zerlumpten Arbeitsanzugs wuchs, sah auf und nickte.

Pit Higgin zersägte gerade einen schenkeldicken Balken; anscheinend wollte er das schiefgeneigte Dach eines kleinen Anbaus reparieren, der ihm als Unterstand für seinen uralten Lastwagen diente. Die schiefe Ecke war jetzt mit einer Stange abgestützt, die jedoch zu kurz war, so daß sie mit Hilfe des Wagenhebers verlängert werden mußte. Der wiederum stand auf ein paar Ziegelsteinen. Das ganze Gebilde lieferte bei näherer Betrachtung eine Erklärung dafür, weshalb Pit Higgins große Scheune jederzeit leer und für den Bazar verfügbar war.

Pit war nun einmal nicht für schwere Arbeit zu haben und betrieb schon längst keine regelrechte Landwirtschaft mehr. Folglich besaß er nichts, was in der Scheune einzulagern wäre.

»'n Morgen«, sagte Pit und richtete sich langsam auf. »Schöner Tag heute.«

»Das will ich meinen«, pflichtete Mr. Matthew bei. »Ist's Ihnen recht, wenn Jeff und ich das Zeug in die Scheune bringen?«

»Ich habe nichts dagegen«, sagte Pit. »Ich würde euch helfen, aber ich habe hier was Wichtiges zu tun.«

Mr. Matthew blinzelte Jeff zu. »Das sehen wir, Pit.«

Er und Jeff begannen die Schachteln in die große Scheune zu schleppen, in der es noch immer angenehm nach Heustaub roch. Andere Sammler waren vor ihnen dagewesen, und es wartete schon ein kleiner Berg alter Sachen, die noch sortiert und zum Verkauf ausgelegt werden mußten.

»Das sieht aus, als ob Pit diesmal ganz nett was erbeuten könnte«, meinte Mr. Matthew lachend. Statt Miete für die Scheunenbenutzung erhielt Pit nämlich vom Sportverein all das Zeug, was bei Schluß der Aktion nicht verkauft war. Es blieb immer ein Haufen Kleidung übrig, gewöhnlich auch etwas Werkzeug, ein altes Radio oder dergleichen, vielleicht auch einmal eine Waschmaschine, die man instand setzen konnte, ausrangiertes Bettzeug, reparaturbedürftige Möbel und anderer Krempel.

»Ich möchte mal wissen, was Pit mit all dem übriggebliebenen Kram macht«, sagte Jeff, als sie die nächste Ladung hereinholten. »Glauben Sie, er verkauft ihn?«

»Aber sicher«, erklärte Mr. Matthew. »Pit setzt sich lieber hin und repariert eine alte Maschine, als daß er seine Felder bearbeitet. Seine Frau bringt die abgelegten Kleider in Ordnung, und die verkaufen sie dann auch. Manchmal haben sie Glück und erwischen ein gutes Stück, dreißig oder auch fünfzig Jahre alt, das kein Mensch mehr kaufen würde. Pit bewahrt solche Sachen auf dem Heuboden unter Verschluß auf. Jedes Sommertheater in der Gegend weiß, daß hier mit etwas Glück das Richtige zu finden ist, wenn für ein historisches Stück Kostüme fehlen. Pit nimmt natürlich nicht zu wenig dafür. Das alles läppert sich zusammen – und so kommt er ganz gut hin. Du glaubst es vielleicht nicht, wenn du ihn so siehst, aber er riecht einen Dollar auf eine Meile Entfernung – so sagen wenigstens die Nachbarn.«

Sie trugen die letzten Spenden in die Scheune und stiegen wieder in den Wagen. Pit hob die Hand zu gleichgültigem Abschied.

»Tut mir wirklich leid, daß ich nich helfen konnte«, sagte er. »Aber ich hab' hier alle Hände voll zu tun.«

»Wir kommen später noch mal«, rief Mr. Matthew; er steuerte auf die Hauptstraße zu. »So«, sagte er zu Jeff, »nun fahren wir hier an Pits Wald entlang und besuchen Harley Newcomb in seiner Klause.«

Bis zum Häuschen waren es einige hundert Meter Weg. Es lag inmitten von Bäumen abseits der Straße, in waldiger Abgeschiedenheit, die den Schriftsteller vor Störenfrieden abschirmte.

»Mr. Matthew«, sagte Jeff, als sie in die Zufahrt einbogen, »sehen Sie nur! Sein Briefkasten ist ganz voll.«

»Hm – wahrhaftig.« Als sie ausstiegen, sah sich der Lehrer den großen Briefkasten an. Er war mit Zeitungen und Zeitschriften so vollgestopft, daß sich nicht einmal der Deckel schließen ließ.

»Er hat auch die Milch nicht hereingeholt«, stellte Jeff fest, und Mr. Matthew runzelte die Stirn beim Anblick des Flaschenständers, der drei volle Milchflaschen enthielt.

»Sicherlich ist er verreist«, sagte er. »Aber wir wollen mal anklopfen.«

Er ging auf dem Kiesweg voran, der zum Eingang des kleinen, massiv aus Feldsteinen gemauerten Hauses führte. An der Tür hing ein großer Klopfer, und Mr. Matthew ließ ihn laut erdröhnen.

Niemand meldete sich. Er klopfte nochmals. »Schau mal durchs Fenster hinein, Jeff«, sagte er.

Jeff ging zum nächsten Fenster und versuchte hineinzublicken. Sein überraschter Ausruf ließ den Lehrer rasch herbeilaufen.

Jemand hatte von innen schwere Bretter über die Fensteröffnung genagelt. Die Zwischenräume waren knapp zwei Finger breit. Jeff und Mr. Matthew sahen angestrengt ins dämmrige Innere des Hauses, konnten aber von dem Bewohner keine Spur entdecken.

Rasch schritten sie um das eingeschossige Häuschen herum. Jedes Fenster war von innen vernagelt, und der Vordereingang wie die Hintertür waren fest verschlossen.

»Jeff«, sagte Mr. Matthew in scharfem Ton, »lauf und hol Pit Higgin! Sag ihm, er soll seinen Zweitschlüssel mitbringen und eine Axt. Wir werden vielleicht gewaltsam eindringen müssen. Hier ist irgend etwas nicht in Ordnung.«

Jeff war schon unterwegs, ehe Mr. Matthew zu Ende gesprochen hatte. Er rannte an der Garage vorbei, einer wackligen Bretterbude, die Pit anscheinend angefangen und nicht zu Ende gebaut hatte. Mr. Newcombs Wagen stand darin; also war er offenbar nicht weggefahren.

Jeff lief den Weg entlang, der das anderthalb Hektar große Grundstück durchquerte, an einem Teich vorbei, über einen Bach, und dann kam er in Pits Hof gestürzt und schreckte eine Hühnerschar zu wildem Geflatter und Gegacker auf.

»Mr. Higgin!« rief er. »Kommen Sie schnell. Mr. Newcomb ist weg!«

Erstaunlich schnell richtete sich Pit Higgin auf.

»Weg?« sagte er. »Und die Miete is noch nich bezahlt! So was gibt's doch nich!«

»Wir fürchten, daß ihm etwas passiert ist«, erklärte Jeff atemlos. »Nehmen Sie bitte Ihren Schlüssel für sein Haus mit und auch eine Axt. Und machen Sie schnell!«

Von Jeffs Ton beeindruckt, griff der Bauer nach der Axt.

»Den Schlüssel hab' ich an meinem Bund«, sagte er und förderte einen mächtigen Bund Schlüssel jeder Form und Größe zutage. »Was haste gesagt, was mit dem Schreiberling passiert is?«

»Das wissen wir nicht, aber das Haus ist von innen mit Brettern verriegelt.«

In gemeinsamem Lauf – wobei der Bauer allerdings nicht gerade glänzend abschnitt – kamen sie bei dem Haus an. Mr. Matthew blickte gerade durch eines der Fenster.

»Ich sehe noch immer keine Spur von ihm«, berichtete er. »Pit, versuchen Sie die Tür zu öffnen.«

»Da könn' Se sich drauf verlassen!« sagte Pit Higgin nachdrücklich. »Steht im Mietvertrag, daß er nich weggehen kann, wenn er mir Miete schuldig is!« Er fingerte an dem riesigen Schlüsselbund und fand schließlich den passenden Schlüssel. Er hantierte energisch am Türschloß, aber die Tür gab nicht nach.

»Was'n hier los?« Er runzelte die Stirn. »Die Tür hält dicht wie'n Felsklotz. Und da – da kommen ja Nägel von innen durch!«

Er zeigte hin, und Jeff sah sie nun auch – scharfe Spitzen von Nägeln, die in die Tür gehämmert worden waren.

»Er muß auch die Tür vernagelt haben«, meinte er zu Mr Matthew. Der sah ernst aus.

»Ja. Sie müssen sie eben einschlagen, Pit.«

»Nu mal langsam. Immer schön langsam. Türen kosten Geld, 'ne Menge Geld.«

»Aber wir müssen hinein! Allem Anschein nach ist Harley Newcomb etwas zugestoßen. Wann haben Sie ihn zuletzt gesehen, Pit?«

»Zuletzt gesehen?« Der Bauer kratzte sich das stopplige Kinn und zog in angestrengtem Nachdenken die Stirn in Falten. »Na, irgendwann im vorigen Monat, meine ich. So vor sechs Wochen. Hatte mich angerufen und gesagt, der Wasserhahn tropft. Er wollte nich gestört werden, deshalb bin ich nie zu ihm hingegangen, bloß wenn er anrief.«

»Vor sechs Wochen also? Und wir haben ihn vor zehn Tagen getroffen. Ich würde sagen, er hat die Milch und die Post seit einer Woche nicht geholt.«

»Augenblick mal – drei Flaschen Milch, und alle zwei Tage kriegt er 'ne Flasche, das macht sechs Tage –« Pit Higgin murmelte in sich hinein. »Ja, ungefähr eine Woche, das is richtig, Mr. Matthew.«

»Dann ist ihm also etwa drei Tage, nachdem er aus New York zurückgekommen war, etwas zugestoßen. Er ist vielleicht da drinnen, krank oder – jedenfalls müssen wir hinein. Schlagen Sie ein Fenster ein, wenn Sie nicht die Tür aufbrechen wollen.«

»Na schön. Glas is billiger als 'ne Tür«, sagte Pit.

Er ging zum nächsten Fenster und zerschlug die Scheibe mit dem stumpfen Ende der Axt. Dann schwang er die Schneide gegen die kräftigen Bretter, die auf der Innenseite angenagelt waren. Erst nach einem Dutzend Hieben gaben sie nach.

»Ganz schön dicht gemacht«, keuchte Pit. »Aber das kriegen wir schon. Da! Die eine Seite is locker. Wir drücken sie nach innen, und denn könn' wir 'reinkriechen. Gehn Sie zuerst!«

»Gut«, sagte Mr. Matthew. »Halten Sie die Bretter fest.«

Der Bauer drückte die gelockerten Bretter nach innen, und Mr. Matthew konnte sich hineinzwängen. Dann zog er die Bretter von der Fensteröffnung weg, so daß Jeff und Pit Higgin mit seiner Hilfe einsteigen konnten.

Die zugenagelten Fenster verdunkelten das große Wohnzimmer. Jeff blinzelte, um besser zu sehen. Mr. Matthew hob die Stimme.

»Harley! Harley!« rief er. Es kam keine Antwort. »Machen wir mal Licht«, sagte er.

Er knipste den nächstliegenden Schalter. Nichts geschah. Der Raum blieb dämmrig, aber Jeffs Augen gewöhnten sich jetzt an die Dunkelheit, und er konnte an den Wänden eine Sammlung Teufelsmasken von der Südsee erkennen. Sie blickten wie böse Dämonen finster auf ihn herab. Eine Wand war ganz mit Bücherregalen bedeckt, und in der Mitte war ein freier Platz, wo drei Totenschädel grinsend nebeneinanderstanden – ein großer, ein mittlerer und ein kleiner.

»Das hier gefällt mir nich«, sagte Pit Higgin und senkte voll Unbehagen die Stimme. »Das gefällt mir ganz und gar nich.«

»Kommen Sie«, sagte Mr. Matthew. »Er ist vielleicht im Schlafzimmer.«

Er ging zum Schlafzimmer, dem einzigen weiteren Raum im Haus außer der winzigen Küche und dem Badezimmer.

Pit Higgin folgte. Jeff sah auf einem Tisch einen Leuchter mit zwei Kerzen und ein Feuerzeug. Mit der Benzinflamme entzündete er die Kerzen, hob den Leuchter hoch und sah sich um.

Das flackernde Kerzenlicht warf seltsame tanzende Schatten in den Raum. Es ließ die Teufelsfratzen an der Wand über ihren gekreuzten Speeren scheinbar mit den Augen rollen und zwinkern.

Mit hocherhobenem Leuchter näherte sich Jeff einem großen Pult, auf dem eine Schreibmaschine stand. Neben der Maschine lag ein aufgeschlagenes dickes Buch. Es war allem Anschein nach sehr alt, und es mußte wohl lateinisch gedruckt sein. Jeff konnte nichts davon entziffern – aber er konnte das weiße Blatt lesen, das in die Maschine gespannt war.

Es stand nur eine einzige getippte Zeile darauf.

»Hilfe! Hilfe! Ich schrumpfe« – das war alles. Aber es jagte Jeff eine Gänsehaut über den Rücken.

»Mr. – Mr. Matthew!« rief er.

Der Lehrer und Pit Higgin kamen aus dem Schlafzimmer zurück. »Da drin ist er nicht«, sagte Mr. Matthew. »Die Fenster sind zugenagelt – genau wie hier.«

»Nu hör'n Se mal zu«, wandte der Bauer ein. »Wer die Fenster und Türen verrammelt hat, muß auch hier drin sein. Nich mal ne Katze könnte hier 'rauskommen.«

»Aber Harley Newcomb ist fort«, gab Mr. Matthew zurück. »Gut so, Jeff. Die Kerzen helfen wenigstens. Aber du siehst ganz blaß aus.«

»Hier – die Nachricht in der Schreibmaschine«, sagte Jeff, »und das Buch da. Es ist sehr alt und lateinisch geschrieben.«

Mr. Matthew las die maschinengeschriebene Zeile und sah sich dann das alte Buch an.

»Gewiß, das ist Latein«, sagte er. »Es ist ungefähr vierhundert Jahre alt. Ich kann es nicht sehr gut lesen, aber diese Seite hier scheint eine Zauberformel zu enthalten – die einen Menschen verschwinden läßt.«

Jeff schluckte hart. Das hatte er befürchtet.

»Gib mal eine Kerze her!« sagte Mr. Matthew. »Ich rufe die Polizei.«

Er trug die Kerze zum Telefon, nahm den Hörer ab und wählte die Nummer. Er wartete und beugte sich dann nieder, um die Telefonschnur zu untersuchen. Sie war durchgetrennt.

»Da hat jemand die Telefonschnur durchgeschnitten und die elektrische Sicherung herausgedreht«, sagte er verärgert und hielt dann inne. Er starrte auf eine Stelle am Fußboden, genau unter dem Stuhl, auf dem der Schriftsteller beim Maschineschreiben gesessen haben mußte. Jeff bückte sich ebenfalls danach. Auf dem Boden war ein großer roter Fleck.

»Blut!« flüsterte er entsetzt.

»Nein«, sagte Mr. Matthew. »Rote Tinte. Hier ist die Flasche, umgestoßen und ausgelaufen. Da die Tinte ganz eingetrocknet ist, muß es vor einigen Tagen, vielleicht vor einer Woche, passiert sein. Aber hier – da ist eine Fußspur. Als ob Harley vom Stuhl aufgesprungen und in die Tinte getreten wäre und zu laufen angefangen hätte.«

»Und hier ist noch'n Abdruck.«

Pit Higgin hatte sich bei Jeff die andere Kerze geholt und bückte sich in einiger Entfernung am Boden. »Und da wieder einer. Und noch einer, und nochmal zwei. Macht zusammen sechs. Aber seh'n Sie sich das an, Mr. Matthew, schau'n Sie hier und sagen Sie mir, daß ich – daß ich nich richtig seh' –«

Der Lehrer und Jeff drängten sich heran, um die sechs dunkelroten Fußabdrücke zu untersuchen, die jemand hinterlassen hatte, nachdem er in die rote Tintenpfütze getreten war.

Jeff spürte ein Prickeln in den Haarwurzeln.

Der erste Abdruck war der eines normalen Männerschuhs. Die zweite Spur war nur ein Sohlenabdruck, als ob der Mann schnell gelaufen sei. Aber sie war kleiner als die erste Spur.

Und jeder folgende Abdruck war wiederum kleiner als der vorangehende, bis der letzte so zierlich war wie der Fußabdruck eines kleinen Kindes.

»Der is gerannt!« Pit Higgins Adamsapfel hüpfte vor Erregung auf und ab, und seine Stimme war nur noch ein heiseres Flüstern. »Er is zum Schlafzimmer gerannt und wurde beim Rennen immer kleiner. Dann – dann sieht's so aus, als wär' er – schwupp! – verschwunden. Als hätt' er sich in – in Luft aufgelöst!«

Sie sahen einander an, und Jeff hatte Mühe, das Zittern in seiner Stimme zu unterdrücken. »Mr. Matthew«, sagte er. »Wissen Sie noch – die Geschichte, die uns Mr. Newcomb bei der Tagung erzählte? Von diesem Mann, der in einem abgeschlossenen Haus ist und verschwindet, als er einen Zauberspruch ausprobiert? Seine Geschichte ist – ist wahr geworden!«

Hm – ich hoffe, ich störe nicht. Aber ich würde mir pflichtvergessen vorkommen, wenn ich euch nicht sagte, daß euch schon mehrere wichtige Hinweise zu dem seltsamen Fall des spurlos verschwundenen Mannes vorliegen. Allerdings sind sie recht gut versteckt, und wenn ihr euch nicht vorstellen könnt, wie ein Mann aus einem von innen fest verschlossenen Haus verschwinden oder wie eine alte Zauberformel ihn zu einem Nichts zusammenschrumpfen lassen kann, so laßt's euch nicht verdrießen — der Polizei gelang es ebensowenig. Im übrigen wird aber die Polizei heutzutage selten zu derartigen Fällen herangezogen.

Mr. Matthew rief von Pits Telefon aus die Polizei an, während Pit und Jeff das leere Haus bewachten. Keiner von ihnen hatte Lust, innen zu warten. Pit brummelte mehrmals etwas von Harley Newcombs unfairem Verschwinden und der unbezahlten Miete vor sich hin, aber es klang wenig überzeugend. Er schritt einige Male um das Haus herum, mit Kopfschütteln und starrem Blick, fast als erwarte er eine Tür vorzufinden, die er vorher nicht bemerkt hatte. Jeff ging mit ihm, aber alles Hinschauen nützte nichts. Das Haus war und blieb ein massiver Steinbau mit leicht überstehendem Dach, das nirgends einen Riß oder eine Öffnung aufwies.

Mr. Matthew kam bald zurück, und unmittelbar danach traf der erste Polizeiwagen ein. Nach einer kurzen Bestandsaufnahme riefen die Beamten über Funk die nächstgelegenen Reviere an. Bald darauf erschienen fünf Streifenwagen, und uniformierte Männer schwärmten über das Grundstück aus.

Sie lösten die von Pit gelockerten Bretter, ließen jedoch alles übrige für Fotos und Spurensicherung unberührt. Jeff sah für den Rest des Tages das aufregende Schauspiel einer erstklassigen polizeilichen Suchaktion.

Sie klopften mit Hämmern die Wände ab, untersuchten die Bretter vor den Fenstern und stiegen sogar aufs Dach, um nachzusehen, ob es lückenlos gedeckt war.

Sie ermittelten, daß die Bretter, welche von innen über Türen und Fenster genagelt waren, von einem großen Stapel neben Pits nie zu Ende gebauter Garage stammten und die Nägel aus einem ebenfalls dort liegenden Kasten voll rostiger Nägel. Seinen alten Hammer hatte Pit für den Fall, daß er irgendwann an der Garage weiterarbeiten würde, gleich dort liegen lassen. Also hätten Werkzeug und Bretter von jedermann benutzt werden können. Schlüsse waren hieraus nicht zu ziehen.

Ansonsten brachte die Suchaktion keinerlei Ergebnis. Es schien klar, daß nicht einmal eine Katze aus dem hermetisch abgeschlossenen Haus hätte entkommen können. Dennoch war Harley Newcomb verschwunden. Und sosehr die Polizei darauf aus war, einen Geheimgang oder eine Falltür im Dach zu finden, so erfolglos blieb die Suche. Pit Higgin maulte immer wieder: »Wenn ich's doch sag'– es gibt nu mal keine geheimen Falltüren oder so'n Quatsch. Ich sollte das ja wissen. Ich habe dieses Haus da mit meinem Knecht,

Jo Caruso, vor fünf, sechs Jahren gebaut. Mauern aus massivem Stein und Mörtel. Der Fußboden aus starkem Beton. Und das Dach is prima – nie undicht gewesen. Mr. Newcomb hat schon immer da gewohnt. Hat mir nie Kummer gemacht – bis jetzt, wo er von hier verschwunden is und die Miete nich bezahlt hat. Mit Zaubersprüchen soll man eben keinen Unsinn treiben – so'n Zeug kann gefährlich werden.«

Die Polizei war offensichtlich unbefriedigt, aber sie konnte von Harley Newcomb keine Spur entdecken. Der berühmte Verfasser so vieler unheimlicher Geschichten war fort. Und wenn er sich nicht in Luft aufgelöst hatte, so war er auf eine Art und Weise verschwunden, die nicht weniger unheimlich war.

Schließlich entschied die Polizei, daß Harley Newcomb absichtlich untergetaucht war – um Schlagzeilen zu machen. Das glaubte allerdings sonst kein Mensch, am wenigsten Mr. Matthew.

»Das ist Unsinn, Jeff«, sagte er, als er den Jungen am Spätnachmittag nach Hause fuhr. »Harley haßte den Rummel. Er tat alles, um ihm zu entgehen.«

»Glauben Sie, daß – daß der Zauberspruch wirklich etwas mit der ganzen Sache zu tun hat?« fragte Jeff.

»Nein, natürlich nicht.« Aber der Lehrer wirkte nicht so überzeugt, wie seine Worte klangen. »Offen gesagt weiß ich nicht, was ich glauben soll. Es würde uns schon viel nützen, wenn wir ahnten, wie er aus diesen vier Wänden herausgekommen ist. Oder – das sage ich sehr ungern – wie sein Körper dort herausgeholt wurde.«

»Sie glauben, jemand –« fing Jeff an.

»Ich weiß nicht. Ich hoffe es nicht. Aber ich fürchte, wir müssen damit rechnen. Eines weiß ich bestimmt: hinter der ganzen Geschichte steckt jemand anderes als Harley Newcomb. Aber soviel mir bekannt ist, hatte er auf der ganzen Welt keinen Feind.«

»Vielleicht hat er gerade seine Romanidee ausprobiert, die er uns erzählte – um zu sehen, ob sie funktioniert«, sagte

Jeff. »Und vielleicht hat er sich dabei verletzt oder so was Ähnliches.«

»Dann würden wir irgendeine Spur von ihm gefunden haben«, sagte der Lehrer. »Weißt du, mir brummt der Kopf. Ich will die Sache überschlafen. Die Polizei hat ja von dem Buch, an dem Harley geschrieben haben mußte, keine Spur gefunden. Der Verleger in der Stadt sagte am Telefon, daß das Manuskript auch nicht per Post gekommen sei. Ist dir klar, was das bedeutet?«

»N-nein.« Jeff runzelte die Stirn. »Ich glaube nicht.«

»Das heißt, daß sein Manuskript gestohlen wurde«, sagte Mr. Matthew. »Und wozu sollte jemand eine halbfertige Gruselgeschichte stehlen?«

»Das kann ich mir nicht denken«, gab Jeff zu.

»Ich auch nicht. Höchstens, falls das Manuskript das Geheimnis des Verschwindens von Harley Newcomb preisgeben würde. So, da sind wir, Jeff. Wir sehen uns am Montag. Bis dahin hat die Polizei vielleicht etwas ermittelt.«

Aber am Montag wußte die Polizei nur wenig mehr. Und Harley Newcomb war noch immer nicht gefunden worden. Also blieb die Polizei bei ihrer Vermutung, daß der Schriftsteller nur von sich reden machen wollte.

Die Presse kümmerte sich allerdings nicht darum. Die großen Zeitungen und das Lokalblatt brachten lange Berichte und große Fotos, die der ganzen Angelegenheit einen Anstrich von Schwarzer Magie gaben. Die Überschriften waren fett und reißerisch. Sie lauteten beispielsweise:

Berühmter Kriminalroman-Schriftsteller in Luft aufgelöst?

Autor erlebt eigene Story –
verschwindet aus abgeriegeltem Raum!

Alte Zauberformel läßt Schriftsteller zum Nichts
zusammenschrumpfen

Das alte lateinische Zauberbuch, die Totenschädel auf dem Bücherbrett, die Teufelsmasken und Eingeborenenspeere – das alles lieferte prächtige Illustrationen. Und die Art, wie die Berichterstattung aufgezogen war, ließ keine Zweifel darüber aufkommen, daß sich im Innern des Häuschens etwas Absurdes und Unerklärliches zugetragen hatte.

Es gab Fotos der Fußabdrücke, worauf genau zu sehen war, wie sie allmählich kleiner wurden, und Fotos des Hilferufs auf der Schreibmaschine – Fotos auch von Jeff und Mr. Matthew und Pit Higgin. Jeff mußte immer wieder die Geschichte all seinen Freunden erzählen.

Die ganze Einwohnerschaft war aus dem Häuschen vor Neugierde, und so viele Schaulustige aus dem Städtchen und aus der Umgebung fuhren zu der Klause hinaus, daß die Polizei den Verkehr regeln mußte. Vor dem Haus mußte sogar ein Wachmann postiert werden, der die Souvenirsammler davon abhielt, einzusteigen. Pit Higgin begann mit einer Flinte um das Haus zu patrouillieren.

»Wenn er nich wiederkommt und die Miete bezahlt«, verkündete er, »gehört mir alles, was er hiergelassen hat, als Sicherheit. Niemand trägt mir soviel wie'n Nagel aus diesem Haus weg.«

Nach drei Tagen flaute das Interesse der Presse ab. Die Polizei, die nichts finden konnte, zog ab und erklärte, alles sei nur ein geschickter Reklametrick gewesen. Doch die Leute kamen noch immer in Scharen zum »Gespensterhaus«, wie es jetzt allgemein genannt wurde. Pit Higgin bewies auch hier seinen angeborenen Geschäftssinn und errichtete mit Hilfe eines Vetters ein großes Schild mit der Aufschrift:

Das Gespensterhaus

Zu besichtigen: Der ungehörte Hilferuf
Die blutroten Fußspuren

Das Rätsel des Jahrhunderts

Eintritt 1 Dollar

Er baute eine Treppe, über die man durchs Fenster einsteigen konnte, ließ aber alles andere unverändert. Während der Vetter im Hausinnern darüber wachte, daß nichts gestohlen wurde, stand Pit draußen am Eingang und kassierte von den scharenweise anrückenden Neugierigen je einen Dollar Eintrittsgeld.

Am Ende der Woche schätzten die Nachbarn Pits Einnahmen auf mindestens zweihundert Dollar, und alle schüttelten über seinen genialen Einfall bewundernd den Kopf.

Allmählich ebbte die Aufregung ab, aber Jeff kam trotz aller Ablenkungen nicht von dem Gedanken an Harley Newcombs rätselhaftes Verschwinden los. Schließlich hatte er, Jeff, geholfen, den mysteriösen Fall ans Licht zu bringen – nun brannte er darauf, das Rätsel zu lösen. Dabei wurde ihm klar, daß er einen Hinweis kannte, von dem die Polizei nichts wußte – und den er selbst fast vergessen hatte!

Noch am gleichen Tag radelte er zum Polizeirevier, um dem diensthabenden Beamten davon zu berichten. Er erklärte, wie Harley Newcomb ihm und Mr. Matthew von seinem entstehenden Buch erzählt hatte, und wie Newcomb ihnen gesagt hatte, daß die Idee dazu aus einer zufälligen Unterhaltung mit einem Bekannten herrühre. Er hatte ferner erwähnt, daß dieses Gespräch am ersten Tag des vorigen Monats stattgefunden habe.

»Ist das nicht klar?« fragte Jeff voller Eifer. »Wenn man wüßte, von wem Mr. Newcomb seine Idee bekam, dann wüßte man vielleicht mehr darüber, wie er aus diesem dicht abgeriegelten Haus verschwinden konnte.«

Der uniformierte Beamte lächelte. »Wir sind dankbar für deine Bemühung, uns zu helfen, junger Mann«, sagte er, »aber sieh es mal von dieser Seite an: Mr. Newcomb verschwand auf genau die gleiche Weise, wie der Mann in seinem Buch verschwinden sollte. Stimmt's?«

Jeff nickte.

»Gut. Liegt es dann nicht auf der Hand, daß das ganze Theater nur dazu dient, für das Buch die Reklametrommel zu rühren, wenn es nun erscheint?« fragte der Beamte. »Ganz klar: ein Werbetrick, nichts weiter.«

»Aber das Buch ist doch auch nicht mehr da«, wandte Jeff beharrlich ein. »Im Haus war es nicht zu finden, und der Verlag hat es auch nicht bekommen.«

»Weil Mr. Newcomb es bei sich hat, wo er nun auch sein mag, und es zu Ende schreibt«, sagte der Polizist. »Du wirst sehen: in nicht allzu ferner Zeit kommt das Buch auf den Markt, und auch Mr. Newcomb ist wieder da und heimst weitere Anerkennung ein. Es tut mir leid, aber die Leute verfallen auf immer neue Tricks, um in die Zeitung zu kommen.«

Deprimiert, aber nicht überzeugt fuhr Jeff weg. Bei Mr. Matthews Wohnung hielt er an und fand den Lehrer beim Hefte-Korrigieren. Der Junge erzählte Mr. Matthew von seiner Idee.

»Das ist gut überlegt, Jeff«, sagte der Lehrer. »Das hatte ich wirklich ganz vergessen. Also wissen wir genau, daß diese Unterhaltung an einem bestimmten Tag stattfand, und wir wissen ferner, daß Harley Newcomb kaum je das Haus verließ – außer am Ersten jeden Monats, wenn er in die Stadt ging, um einzukaufen und zur Post zu gehen. Es ist gut möglich, daß du in Erfahrung bringen kannst, wer ihm diese Idee vermittelte – und was für eine Idee das war. Wenn wir wüßten, wie er aus diesem Haus herauskam – oder herausgeholt wurde –, wären wir des Rätsels Lösung um ein gutes Stück näher. Warum horchst du nicht ein wenig herum? Du kannst es doch ganz unauffällig anfangen, ohne zuviel Aufmerksamkeit zu erregen.«

»Viele glauben, Mr. Newcomb habe sich tatsächlich in Luft aufgelöst oder sei zum Nichts eingeschrumpft«, sagte Jeff. »Wegen dieser Fußabdrücke und so.«

»Ich weiß. Aber ich glaube nach wie vor nicht an Zauberei. Nun, viel Glück, Jeff. Sag mir Bescheid, wenn du etwas erfahren hast.«

Jeff verabschiedete sich, stieg auf sein Rad und fuhr nachdenklich weiter. Würde sich überhaupt jemand an ein

Gespräch erinnern, das vor fast sechs Wochen stattgefunden hatte?

Er bat einen Freund darum, die Zeitungen für ihn auszutragen, und ging zuerst zu Mr. Martinos Lebensmittelgeschäft. Dort hatte Harley Newcomb immer eingekauft. Mr. Martino, ein dicker, gemütlicher Mann mit einem langen, wie eine Lenkstange geschwungenen Schnurrbart, hörte Jeff aufmerksam zu.

»Gesprochen?« fragte er. »Si, wir sprechen, er und ich. Er sagt, er schnell muß nach Hause, muß anfangen schreiben. Er hat wunderbare neue Idee. Das dir helfen, Jeff?«

»Um welche Zeit war das?« fragte Jeff begierig. Mr. Newcomb hatte also seine Idee schon gehabt, als er in den Laden kam!

»Nach Mittagessen. Kann sein drei Uhr, kann sein halb vier. Schwierig zu erinnern.«

»Vielen Dank!« Jeff eilte hinaus. Als nächstes ging er zum Postamt, wo der alte Mr. Rogers, der dünne, kahlköpfige Postmeister, ihm geduldig zuhörte.

»Hmm«, sagte der Postmeister und zupfte sich am Ohrläppchen. »Nun wart mal – wann war der Bücherschreiber zuletzt da? Ich glaube, er gab ein Einschreiben auf – ich schau mal eben in meinem Buch nach.«

Jeff wartete mit heftig klopfendem Herzen, bis Mr. Rogers einige Listen durchgeblättert hatte und zurückkam.

»Genau so war's«, sagte er. »Am letzten Ersten. Ein Uhr dreißig mittags.«

»Und haben Sie sich über das Bücherschreiben oder sonst etwas unterhalten?« fragte Jeff. Der Postmeister schüttelte den Kopf, so daß seine Goldrandbrille auf der Nase ins Rutschen kam.

»Er hatte es mächtig eilig«, sagte er. »Wollte nur dieses Einschreiben wegschicken. Es war an eine Buchhandlung in New York, die seltene antiquarische Bücher führt.«

»Danke schön!« sagte Jeff und hastete hinaus. Das klang, als hätte Mr. Newcomb mit diesem Brief das Zauberbuch bestellt, daß auf seinem Schreibpult gelegen hatte – was bedeutete, daß er die Idee schon hatte und nun Material sammelte, um darüber eine Geschichte zu schreiben. Folglich hatte er an jenem Tag zuvor mit jemand anderem gesprochen. Doch mit wem?

Jeff versuchte es in der Bibliothek, in der Drogerie, im Büro der Telefongesellschaft, wo Mr. Newcomb seine Gebührenrechnung bezahlt hatte. Überall erfuhr er, daß Mr. Newcomb es sehr eilig gehabt hatte. Er hatte dem Bibliothekar empfohlen, sein neues Buch nicht zu versäumen, das besonders spannend sein werde. Das war um elf Uhr vormittags gewesen.

Jeff wußte nicht weiter. Er hatte alle Leute gefragt, mit denen Mr. Newcomb gewöhnlich ins Gespräch kam. Mr. Newcomb müßte geradezu durch Zufall jemanden getroffen haben, der sich nun nicht mehr ausfindig machen ließ.

Niedergeschlagen ging er zum Abendessen nach Hause. Seinen Eltern fiel auf, daß er ungewöhnlich still war, aber sie wollten abends Bekannte besuchen und waren in Eile, und so stellten sie keine Fragen. Jeff aß, machte seine Schulaufgaben, rechnete seine Zeitungseinnahmen ab und ging früh zu Bett.

Im Dunkeln lag er wach, die Arme hinter dem Kopf verschränkt, und hinter seiner Stirn jagten sich die Gedanken. Mit wem hatte Mr. Newcomb an jenem Tag gesprochen, als er seine prächtige Idee bekam? Wem hätte er im Städtchen sonst noch begegnen können?

Und dann setzte sich Jeff plötzlich im Bett auf. »Natürlich!« sagte er laut. »Der war's! Er muß es sein!«

Ohne zu überlegen, schlüpfte er schnell in die Kleider. Seine Eltern würden noch mindestens eine Stunde wegbleiben. Er riß ein Blatt aus einem Schulheft und kritzelte darauf: »Ich muß nochmals weg, aber ich komme bald wieder. Macht euch keine Sorgen. Gruß Jeff.« Er legte den Zettel auf sein Bett, ging aus dem Zimmer und schloß die Tür. Er dachte nicht daran, daß die Eltern beim Nachhausekommen seine Tür geschlossen finden mußten und im Glauben, daß er schliefe, gar nicht in sein Zimmer kommen würden.

Er holte sein Fahrrad von der Terrasse, schaltete die Beleuchtung ein und schob es durch den Vorgarten die Stufen hinunter.

Im nächsten Augenblick strampelte er, so schnell er konnte, zu Mr. Matthews Haus am Stadtrand.

Als er ein paar Minuten später die Auffahrt zum Haus hinauffuhr, sah er im Wohnzimmer noch Licht. Er lief zur Terrasse und erblickte durchs Fenster den Lehrer, der noch immer beim Korrigieren der Zeugnisarbeiten war. Mrs. Matthew und die Mädchen schliefen wohl schon; Jeff klopfte deshalb leise an die Scheibe. Mr. Matthew kam zum Fenster, erkannte ihn und ließ ihn ein.

»Mr. Matthew«, keuchte Jeff, »ich glaube, ich weiß jetzt, mit wem Mr. Newcomb an diesem Tag noch gesprochen hat und wer ihn vielleicht auf seine Idee brachte!«

»So, so«, sagte Mr. Matthew nachdenklich. »Also hast du heute nachmittag etwas herausgefunden?«

»Nein. Aber ich habe mir etwas zurechtgelegt«, sagte Jeff. »Um sicherzugehen, muß ich Pit Higgin etwas fragen. Ich dachte, ob wir nicht zusammen hinfahren könnten . . .«

»Jetzt noch? Ist es nicht schon ziemlich spät?«

»Ich weiß, es ist spät – aber, lieber Himmel, wenn ich recht habe, sind wir vielleicht auf der richtigen Spur!« sagte Jeff atemlos. »Ich werde nicht einschlafen können, ehe ich weiß, ob ich mich irre oder nicht.«

»Verständlich.« Mr. Matthew lachte leise. Er nahm seine Jacke. »Dann werden wir jetzt zu Pit Higgin gehen und ihn das fragen, was du auf dem Herzen hast. Aber rechne nicht damit, daß er sich an etwas erinnert, was länger als einen Monat zurückliegt.«

Er holte den Wagen, und sie fuhren zu Pits Hof. Der Lehrer hätte gern Jeff nach seinem Einfall gefragt, aber Jeff schien von der Aufregung und dem Wunsch, ihn zu überraschen, wie besessen, so daß er es unterließ. Er sagte nur beiläufig: »Du meinst, jemand wollte Harley Newcomb an diesem Tag besuchen und ging bei Pit vorbei, um ihn nach dem Weg zu fragen?«

»So ähnlich«, sagte Jeff. Er brannte darauf, seinen Einfall zu erzählen, aber zugleich wollte er Mr. Matthew überraschen. Schließlich sprach er gar nichts mehr, bis sie sich dem Hof näherten und er einen Lichtschimmer vor sich sah. Da merkte er, daß sie auf dem Weg waren, der am Haus des Schriftstellers vorbei zum Bauernhof führte.

»Mr. Matthew!« rief er. »Sehen Sie doch – da ist gerade jemand in dem Haus!«

»Tatsächlich.« Der Lehrer bog in die Einfahrt. »Das ist sicher Pit. Ich habe gehört, daß er aus der Klause ein regelrechtes Museum machen und den ganzen Sommer über Eintritt verlangen will. Er hat vor, tüchtig daran zu verdienen.«

Sie hielten und stiegen aus. Jeff konnte seine Ungeduld kaum mehr bezähmen. Durchs Fenster sah er Pit Higgin, der, noch immer in seiner geflickten Montur, im Zimmer umherging.

»Hallo, Pit!« rief Mr. Matthew. »Dürfen wir hereinkommen?«

Der Bauer trat zum Fenster und sah blinzelnd heraus.

»Macht einen Dollar Eintritt pro Person«, sage er. »Kinder zahlen voll. Ach, Sie sind's bloß, Mr. Matthew, und Jeff. Natürlich, Sie können auch ohne Eintritt 'reinkommen«, schloß er brummig.

»Vielen Dank.« Der Lehrer kroch durch das Fenster, Jeff folgte. »Es heißt, das Geschäft mit den Touristen gehe ganz gut, Pit.«

»Nich schlecht«, räumte der Bauer ein. »Hält nen alten Mann in Trab – immer hübsch aufpassen, daß keiner was mitlaufen läßt!«

Jeff sah sich neugierig um. Die Einrichtung war im großen ganzen so, wie sie damals, als sie das Geheimnis entdeckten, gewesen war. Pit hatte nur die blutroten Fußstapfen mit Glasplatten abgedeckt; davor und vor den Bücherregalen hatte er regelrechte Absperrseile gespannt, damit niemand zu nahe herantreten konnte.

Zwei der drei Totenschädel hatte er vom Bücherbrett weggenommen. Einer stand nun gleich neben der Schreibmaschine, der andere thronte auf Mr. Newcombs dickem Lexikon. Pit hatte anscheinend auch ein paar besonders abscheuliche Teufelsfratzen zu den bereits vorhandenen hinzugesellt.

»Hab's 'n bißchen spannender gemacht«, sagte Pit, während die beiden sich umsahen. »Muß irgendwie wirken, wissen Sie. Die Leute wollen für'n Dollar auch was sehen.«

»Was tun Sie, wenn Mr. Newcomb zurückkommt?« fragte Mr. Matthew.

»Och, der kommt nich wieder«, sagte der Bauer überzeugt. »Soviel is klar: wenn der wiederkommen könnte, wär er jetzt da. Ich sage bloß eines: der Zauber ging daneben, und da hat er sich eben aufgelöst.«

»Das hoffe ich nicht«, sagte Jeffs Lehrer. »Aber Jeff will Sie etwas fragen. Los, Jeff, frag Pit, was du wissen willst.«

Einen Augenblick zögerte Jeff. Er hatte mit einem Mal das sonderbare Gefühl, als begehe er eine große Torheit, wenn er auf eigene Faust des Rätsels Lösung suchen wollte. Aber schon hatten sich ihm die Worte auf die Zunge gedrängt und sprudelten hervor.

»Mr. Higgin, Sie haben doch am letzten Ersten mit Mister Newcomb gesprochen?« fragte er.

Der Lehrer schnippte plötzlich mit den Fingern. »Natürlich, Pit! Erst sagten Sie uns, Sie seien ihm schon mehrere Wochen nicht begegnet. Aber Sie müssen ihn an diesem Tag gesehen haben. Sie sind sein Hauswirt, und ich glaube sicher, daß Sie es nicht versäumt haben, am Ersten bei ihm die Miete zu kassieren!«

»Und während Sie mit ihm sprachen, gaben Sie ihm diese Idee ein!« platzte Jeff heraus. »Die Idee zu einem neuen Buch. Sie sind der einzige, der dafür in Frage kommt, denn als Mr. Newcomb in die Stadt kam, machte er schon Pläne!«

Pit Higgins wettergebräuntes Gesicht wurde dunkel und grimmig. Seine Augen funkelten, und er preßte die Lippen aufeinander.

»Ja, zum Kuckuck, so war's!« grollte er. »Ich bin an diesem Morgen hiergewesen und hab' mir den Scheck geholt.

Der Newcomb läuft 'rum wie ne Katze auf'm heißen Stein. Sagt, er muß 'n Buch schreiben und 's fällt ihm nischt dazu ein. Sagt, er braucht ne richtig gute Idee, wie einer aus einem fest verschlossenen Raum 'rauskommt. Und sagt, er zahlt dafür fünfhundert Dollar – jawoll!«

Beim Sprechen verfärbte sich das Gesicht des Bauern immer tiefer, und seine Augen glommen noch wütender. Seine großen Hände öffneten und schlossen sich. Jeff hatte gewußt, daß Pit zu Wutausbrüchen neigte, aber diesmal war er zum ersten Mal Zeuge. Pit steigerte sich geradezu in seinen Zorn hinein.

»Und Sie hatten eine Idee für ihn, wie?« Mr. Matthew sprach gelassen, als wolle er Pit besänftigen.

»Und ob!« sagte Pit. »War ne Pfundsidee. Ne richtige Pfundsidee. Und er sagte, er überlegt sich's mal, und wahrscheinlich ist sie schon mal dagewesen. Da dachte ich mir, na, der muß es ja wissen, und ging weg. Aber dann, am Ende vom Monat, kam ich wieder her und wollte fragen, ob er es sich überlegt hat, und er war fleißig beim Tippen. Da seh' ich mir 'n paar Seiten an – und da hat er meine Idee geklaut, Himmeldonnerwetter nochmal! Ich frag' nach den fünfhundert Dollar, die er mir versprochen hatte, und er sagt, das sei die Idee nich wert. Er wolle mir fünfzig geben.«

»Aha. Und was taten Sie dann, Pit?« fragte Mr. Matthew beherrscht, während Jeff mit steigender Angst beobachtete, wie der andere Mann immer erregter wurde.

»Ich sag', her mit den fünfhundert, sonst –!« brüllte Pit. »Und er sagt, das wär' lächerlich. Da hab' ich's ihm gezeigt, was lächerlich heißt.«

»So – wie denn?« fragte der Lehrer.

»Euch zeig' ich's auch gleich!« schrie Pit Higgin. Und ehe Mr. Matthew ausweichen konnte, holte er mit seiner mächtigen Faust zum Schlag aus – er traf den hellhaarigen Lehrer am Kinn und streckte ihn rücklings zu Boden.

Jeff wußte, daß rasche Hilfe nottat, und flitzte an Pit vorbei. Fast schaffte er es bis zum Fenster. Aber Pit griff nach ihm, packte ihn am Gürtel und schleuderte ihn zu Boden. Das war das letzte, was Jeff in den nächsten Minuten von sich wußte.

Ich bin recht stolz auf Jeff, weil er es zuletzt noch gemerkt hat: der eine Mensch, dem man am Monatsersten unweigerlich begegnet, ist der Hauswirt. Ich frage mich, ob noch andere unter euch darauf gekommen sind, daß Pit bei seiner Geldgier den Ersten niemals verstreichen lassen würde, ohne die Miete zu kassieren? Wenn ja, so seid ihr uns jetzt wahrscheinlich weit voraus und kennt schon das ganze Geheimnis des verriegelten Hauses, des Mannes, der sich in Luft auflöste, und der blutroten Fußspuren. Ihr hattet eine Anzahl guter Hinweise — allerdings könnt ihr euch dennoch irren. Eines ist jedoch sicher: Jeff machte einen großen Fehler, als er Mr. Matthew verschwieg, was er vorhatte. Ich habe das unbehagliche Gefühl, daß nun Pit Higgins mit Jeff und Mr. Matthew seinerseits etwas recht Ungemütliches vorhat. Nun blättert schon um und hört es euch an. Dabei könnt ihr gleich feststellen, ob eure Vermutung über das Verschwinden von Harley Newcomb zutrifft.

Schluß

Jeff öffnete benommen die Augen. Er brauchte einige Sekunden, bis er ganz da war und sich an das Geschehene erinnern konnte. Dann versuchte er sich aufzusetzen, sank aber sofort mit einem unterdrückten »Autsch!« wieder zurück. Ihm tat der Kopf weh, außerdem Knöchel und Handgelenke. Den Kopf hatte er wohl irgendwo angeschlagen, aber die Handgelenke schmerzten, weil sie ihm auf dem Rücken zusammengebunden waren. Auch seine Knöchel waren mit einem starken rauhen Hanfseil gefesselt. Er lag auf der Seite am Boden, am Fuß des Bücherregals, und neben ihm lag Mr. Matthew.

»Jeff – alles in Ordnung mit dir?« fragte der Lehrer besorgt.

»Ich glaub' schon«, sagte Jeff. »Hat Pit Higgin uns gefesselt?«

»Wie ein Stück Vieh am Markttag.« Mr. Matthews Stimme klang zornig. »Gefesselt und alleingelassen. Er ging weg und sagte, er wolle zurückkommen.«

»Was – was glauben Sie, hat er mit uns vor?« Jeff versuchte es tapfer zu sagen, aber er fühlte sich einfach jämmerlich.

»Darüber will ich lieber nicht nachdenken. Wenn er Vernunft hätte, könnte man mit ihm reden. Aber er hat keine Vernunft. Du hast es ja erlebt, wie er in Zorn geriet, als er erzählte, daß Harley Newcomb ihm das versprochene Geld nicht zahlen wollte.«

»Ja«, sagte Jeff.

»Ich werde versuchen, mit ihm zu reden, aber er macht jetzt nicht den Eindruck eines Mannes, der zuhören würde. Jeff, ich habe schon versucht, den Strick um meine Arme zu lockern. Wenn ich dir den Rücken zudrehe – meinst du, du könntest den Knoten mit den Zähnen aufbekommen?«

»Ich will es versuchen, Mr. Matthew«, antwortete Jeff.

Der Lehrer drehte sich zur Seite, und Jeff wälzte sich so weit herum, daß er Mr. Matthews gefesselte Hände vor sich hatte. Pit hatte den Knoten fest angezogen, und Jeff war nicht sicher, ob sein Vorhaben gelingen würde, aber er verschwendete keine Zeit. Er packte die zuoberst liegende Seilwindung mit den Vorderzähnen und begann daran zu zerren wie ein junger Hund an einem Pantoffel.

Er erreichte nichts weiter, als daß seine Zähne abglitten und das rauhe Seil seine Lippen aufschürfte. Hartnäckig versuchte er es von neuem. Diesmal bekam er das Seil besser zu fassen. Er mühte sich verzweifelt, es zu lockern, als von draußen schwere Tritte zu hören waren.

Pit Higgin war wieder da!

Aber er kam nicht herein. Er schob einen Schubkarren vor sich her – das hörten sie am Knirschen des Rades auf dem Kies. Er blieb stehen, dann ließ sich ein metallischer Laut vernehmen, gefolgt von einem dumpfen, hölzernen Krachen. Einen Augenblick später gab es ein neues seltsames Geräusch – das Klicken eines schweren Wagenhebers, der langsam hochgewunden wurde.

»Was er da wohl macht?« flüsterte Jeff. Sie lagen mit dem Gesicht zur Wand und hatten die Fensteröffnung nicht im Blickfeld.

»Ich weiß nicht. Aber mach du weiter mit dem Knoten, Jeff. Vielleicht läßt er uns noch Zeit dazu.«

Jeff bearbeitete die Fessel wie wild mit den Zähnen. Draussen hörten sie das regelmäßige, langsame Klicken des Wagenhebers – dann kam wieder ein anderer Laut hinzu: das Ächzen von Holzbalken, das nun jedes Klicken begleitete.

Jeff konnte nicht erraten, was es war. Er kaute verzweifelt auf dem Seil herum, mit dem Mr. Matthews Hände gefesselt waren. Es vergingen fünf, zehn Minuten. Schließlich konnte er spüren, wie der Knoten allmählich nachgab.

»Schneller, Jeff!« flüsterte der Lehrer. »Wir haben nicht mehr viel Zeit.«

Die sonderbaren Geräusche – der Wagenheber und das Knarren des Holzes – waren verstummt, und die beiden konnten Pit Higgin draußen umhergehen hören. Jeffs Lippen und Zunge waren von dem Seil wundgescheuert; aber nun war es durchfeuchtet und nicht mehr so hart und glatt. Wütend schlug er die Zähne in den Knoten und zerrte daran. Und da fühlte er, wie die Fessel sich lockerte.

»So ist's fein, mein Junge!« Die geflüsterten Worte gaben ihm neuen Mut. »Durchhalten!«

Jeff ruckte noch einmal heftig mit dem Kopf und spürte, wie der Knoten sich löste. Aber in diesem Augenblick ließ sich Pit Higgin schwerfällig vom Fensterbrett herab und stampfte durchs Zimmer auf sie zu.

Blitzschnell rollte sich Mr. Matthew auf den Rücken, um die halb gelöste Handfessel zu verbergen, und Jeff tat es ihm nach. Der Bauer beugte sich mit grimmigem Blick über sie. »Na, ihr beiden«, brummte er. »Denn will ich mich mal 'n bißchen um euch kümmern.«

Jeff hörte die Worte, begriff aber ihren Sinn nicht; wie hypnotisiert starrte er zur Zimmerdecke, wo das Dach oben auf den Steinmauern ruhte. Es war eine Balkendecke mit tieferliegenden Dachsparren. Und zu Jeffs Verwunderung war das ganze Dach an dieser Ecke um etwa dreißig Zentimeter angehoben worden. Zwischen dem Dach und den starken Steinwänden des Hauses klaffte eine deutlich sichtbare Lücke.

Mr. Matthew hatte es auch bemerkt und begann geistesgegenwärtig draufloszureden, um Pit abzulenken.

»Also das ist die Lösung!« rief er. »Pit, das ist wirklich genial. Anstelle eines Geheimausgangs hatten Sie einfach das Dach so weit angehoben, daß sich ein Mensch hindurchzwängen und herausklettern konnte, und vorher hatten Sie alle Fenster und Türen von innen zugenagelt. Dann ließen Sie das Dach wieder herunter, und alles schien in Ordnung. Wir hätten daraufkommen müssen, daß ein Dach, wenn es auch so aussieht, als sei es innig mit dem Haus verbunden, gewissermaßen oben auf dem Haus aufsitzt und daran nicht immer so festgemacht ist, wie es sein sollte.«

Zunächst schien die List geglückt. Pit Higgin lachte in sich hinein. »So ist es«, sagte er. »Mein Knecht Jo hat dieses Haus hier gemauert. War 'n guter Arbeiter. Die Zimmermannsarbeit machte ich, und wie ich am Dach zu der Ecke hier kam, waren mir die Nägel ausgegangen. War mir zu viel Umstand, in der Stadt nochmals welche zu besorgen. Deshalb ist das Dach hier unbefestigt geblieben. Da dacht' ich mir, daß es mit 'm kräftigen Wagenheber untern dicken Balken leicht gehen müßte, die Ecke da hochzuhieven, und so is's gegangen. Das war die Idee, die Mr. Newcomb von mir bekam, und da sagt er noch, die wär nich gut.«

Wieder wurde sein Gesicht dunkel vor Zorn.

»Aber ich hab's ihm gezeigt, wie gut die war!« sagte er. »Ich hab's ihm gezeigt und hab' die Polizei und alle 'reingelegt, wie? Keiner hat Wind davon bekommen, keiner!«

»Sicher, das haben Sie geschafft«, sagte Mr. Matthew. »Sie haben uns 'reingelegt. Aber sagen Sie: diese Fußspuren, die immer kleiner wurden – wie haben Sie das gemacht?«

»Kinderleichte Sache. Ich hab' da alle möglichen Schuhe, alle Größen, den Restbestand vom Scheunenbazar. Da nahm ich verschieden große Jungenschuhe, dazu einen Schuh von Mr. Newcomb, und dann tunkte ich sie in die Tinte und stellte sie auf den Boden, damit es Abdrücke gab. Zum Schluß tippte ich die Nachricht auf der Maschine. Und diese Zeitungen! Wie sie all das Zeug über den Mann brachten, der sich in Luft aufgelöst hatte!«

Er lachte breit. »Mordsspaß wie noch nie, wie die Leute kamen und gingen und versuchten, dahinterzukommen.«

»Wie Sie das so erklären, klingt es recht einfach«, gab Mr. Matthew zu. »Aber was taten Sie mit Harley Newcomb?«

»Ach, der is noch auf meinem Heuboden. Ich schließe dort oben immer ab, weil ich die alten Klamotten da aufbewahre«, berichtete Pit. »Sein Buch mit der geklauten Idee hat er bei sich. Ich wollte erst abwarten, ob jemand 'rauskriegen würde, daß ich selber das Haus von innen zunagelte und durch den Spalt im Dach rauskletterte, und dann das Dach wieder 'runterließ. Aber kein Mensch hat es erraten. Deshalb kann ich mit meinem Plan jetzt weitermachen.«

Seine Stimme war plötzlich so kalt und unheildrohend geworden, daß Jeff erschauerte.

»Nun hören Sie mal zu, Pit«, sagte Mr. Matthew. »Noch haben Sie Mr. Newcomb oder uns beiden kein Haar gekrümmt. Lassen Sie ihn und uns frei, und Sie kommen noch mal glimpflich davon.«

»Euch freilassen?« Pit Higgin sah überrascht drein. »Jetzt, wo ihr das Geheimnis kennt und alles verraten und verderben würdet? Ihr haltet mich wohl für verrückt, oder wie?«

»Na, na, Pit – überlegen Sie sich's lieber zweimal, ehe –«

»Ich brauch' gar nischt zu überlegen!« brüllte der Mann. »Erst wollte ich Mr. Newcomb nur so lang verstecken, bis ich ihm beigebracht hatte, daß meine Idee prima funktionierte, und daß man andere nich an der Nase herumführt.

Aber dann ging es los, daß die Leute das Gespensterhaus sehen wollten, und da merkte ich, daß ich Mr. Newcomb denn doch nich freilassen konnte. Weil ich nämlich schon vierhundert Dollar kassiert habe, in nich mal ner Woche, und so was laß ich mir ja nich nehmen.«

»Hören Sie doch, Pit – « fing Mr. Matthew wieder an, aber der Bauer überschrie ihn.

»Nee, jetzt hören Sie zu. Ich laß mir so ne nette kleine Goldgrube von dem da nich nehmen, und von euch beiden auch nich! Kommt gar nich in Frage. Im Gegenteil, aus euch werd' ich noch was 'rausholen! Na, wenn man erst das Haus hier wieder dichtgemacht findet und aufbricht, und euch beide drin entdeckt – das wär' doch wohl das Rätsel des Jahrhunderts. Wetten, daß ich in einem Tag hundert Dollar machen werde? Das bringt fast tausend in der Woche!«

»Was wollen Sie damit sagen – wenn sie uns entdecken?« fragte Mr. Matthew. Und Jeff, den dieselbe Frage beschäftigte, sah mit trockenem Mund und einem kalten Schauer im Nakken, wie Pit zwei Stricke aufhob, die zu je einer groben Schlinge geknüpft waren.

»Wenn sie euch beide vom Dachbalken abschneiden können«, sagte Pit, »und keiner weiß, wie ihr hier 'reingekommen seid, und wer es gewesen ist, und wie er wieder 'rauskam – glaubt mir, dieses Haus hier bleibt für den Rest meiner Tage ne Goldgrube. Ich könnte euch nich freilassen. Ich könnt's einfach nich. Nich, wenn's um so viel Geld geht. So, das war 'ne lange Rede. Sie kommen zuerst dran.«

Er beugte sich über Mr. Matthew, und Jeff schloß die Augen, damit er nicht hinsehen mußte.

So entging ihm, wie der Lehrer aus der Rückenlage seine Knie bis zur Brust anzog und dann mit einem gewaltigen Stoß die Beine vorschnellte – durch die gefesselten Knöchel wurde die Wirkung in keiner Weise geschmälert.

Seine Füße trafen Pit Higgin in den Magen, und der Bauer schoß wie ein Stein aus einer Schleuder nach hinten. Jeff hörte sein verkrampftes Ächzen, als die Luft aus seinen Lungen entwich, und öffnete die Augen gerade noch rechtzeitig, um Pits Körper gegen die gegenüberliegende Wand krachen und dort zusammensacken zu sehen.

Mr. Matthew saß aufrecht da und riß die Hände nach vorn. Während des Wortwechsels war es ihm gelungen, Jeffs Werk zu vollenden. Jetzt zog er sein Taschenmesser heraus, zerschnitt die Fußfessel und band Pit an Händen und Füßen mit denselben Stricken, die Pit für die beiden vorbereitet hatte.

Einen Augenblick später war auch Jeff frei und richtete sich auf, vor Erleichterung etwas wacklig auf den Beinen.

»L-lieber Himmel«, sagte er, als er die Sprache wiedergefunden hatte. »Er wollte uns – uns –«

»Das steht fest«, sagte Mr. Matthew und rieb seine Handgelenke, um die Durchblutung wieder in Gang zu bringen. »Und wenn er es geschafft hätte, würde er uns als Wachspuppen noch jahrelang vom Dachbalken baumeln lassen, damit es den Neugierigen immer schön kalt über den Rücken läuft. Denn ich glaube nicht, daß irgend jemand das Rätsel gelöst haben würde. Sein Plan war so einfach, daß man ihn wirklich eine Erfindung des Teufels nennen könnte.«

»Und alles nur, um die Hütte zu einem richtigen Gespensterhaus zu machen.« Jeff schluckte etwas mühsam. »Nur, um damit noch leichter Geld scheffeln zu können.«

»Er ist in Gelddingen nicht normal. Der Gedanke, so viel Geld so leicht zu verdienen – das warf ihn aus der Bahn. Ein Glück, daß er von vorn auf mich zukam, sonst wäre ich nicht mit ihm fertig geworden. Die stärksten Muskeln des Körpers sind die Bein- und Schenkelmuskeln, und die konnte ich gegen ihn anwenden.«

Pit Higgin konnte allmählich wieder regelmäßig atmen und zog die Luft in tiefen, bebenden Zügen ein. Mr. Matthew beobachtete ihn genau.

»Jeff, du hast zwar noch keinen Führerschein, aber ich weiß, daß du fahren kannst. Diesmal ist es in Ordnung, wenn du meinen Wagen nimmst und zur Stadt fährst. Dein Vater möchte bitte die Polizei hierherrufen. Ich werde dableiben und auf Pit aufpassen. Dein Vater kann dich wieder herbringen, und ihr beide könnt Harley Newcomb vom Heuboden befreien. Er wird sich bestimmt freuen, dich wiederzusehen!«

»Wird gemacht!« sagte Jeff und ging zum Fenster. Doch als er durchkrabbelte, hatte er auch schon seinen Entschluß gefaßt. Er hatte sich vorgenommen, daß er nie mehr versuchen würde, Kriminalgeschichten zu schreiben. In Zukunft würde er sie ganz einfach nur lesen. Als Verfasser geriet man manchmal in allzu nervenaufreibende Situationen!

Alfred Hitchcock meint: *Pit Higgin hat nun Kost und Logis frei und ist damit zufrieden. Jemand hatte ihm nämlich vorgerechnet, wieviel Einkommensteuer er zahlen müßte, wenn er in der Woche tausend Dollar verdiente, und so erkannte er das schwache Fundament seines ganzen Plans.*

Harley Newcomb lebt seither in England, wo die Dächer fest auf den alten Häusern sitzen. Er traut der amerikanischen Bauweise nicht mehr.

Beachtet bitte, daß wir in diesem Fall euch gegenüber fair gespielt haben. Wir berichteten davon, wie sehr Pit das Geld liebte, und wir hoben hervor, daß er Harley Newcombs Hauswirt war. Also hättet ihr ihn mit Leichtigkeit als Lügner entlarven können, als er davon sprach, wann er den Vermißten zuletzt gesehen haben wollte. Wir erwähnten auch die Schuhe verschiedener Größen, die Pit besaß, und wir beschrieben den Wagenheber, wie er tatsächlich ein Dach stützte. Wenn euch klar war, daß Harley Newcomb am ersten Tag des Monats mit Pit gesprochen hatte, so nennt euch Feldwebel im Detektiv-Bataillon. Wenn ihr daraus geschlossen habt, daß er am Verschwinden von Harley Newcomb schuld war, so gebührt euch der Rang eines Leutnants. Wenn ihr auch das Rätsel der zusammenschrumpfenden Fußspuren gelöst habt, so dürft ihr euch zum Hauptmann ernennen. Und wenn ihr das Geheimnis des Dachs, das sich anheben ließ, entschleiern konntet, so seid ihr eines echten Inspektortitels durchaus würdig. Solltet ihr aber all diese Punkte nicht enträtselt haben ... hm. Ganz richtig – auch der Polizei ist dies nicht gelungen.

Nun, da ich zum Schluß der Geschichte vom geheimnisvoll vom Erdboden verschwundenen Mann komme, ahne ich, daß einige unter euch enttäuscht sein werden, weil es keine richtige Zauberei war. Ich hoffe sehr, ihr werdet euch künftig immer vor Augen halten, daß es keine Zauberei gibt, und daß sich für Tricks, welche diesen Anschein erwecken, gewöhnlich eine ganz einfache Erklärung finden läßt.

PHILIP
ANDRES
Mechanische
Werkstätte

Alfred Hitchcock hat das Wort: *Ich halte es für meine Pflicht und Schuldigkeit, euch darauf vorzubereiten, daß in dieser Geschichte eine Anzahl schwieriger Wörter vorkommt. Ich teile das mit im öffentlichen Interesse, und zwar als wohlgemeinte Warnung an jene, die einem ungewohnten Wort um drei Ecken aus dem Wege gehen. Für die anderen habe ich zwei Spione bereit, einen kleinen dicken und einen großen häßlichen, ferner ein Zwillingspaar, dessen Hobby Rätsel sind, ein Haus, dessen Möbel nur halb so groß sind wie eine normale Einrichtung, und vier Tauben ... Aber wir wollen uns ohne viel Aufhebens ins nächste Abenteuer stürzen, nämlich –*

Das Rätsel der vier Winde

Wie eine Hexe, die finstere Pläne ausheckt, lauerte das alte Haus inmitten der Bäume auf der Anhöhe. Es war ein hohes, schmalbrüstiges Haus; ganz oben saß als Krönung ein runder Raum. Er hatte ein kegelförmiges Dach, es sah aus wie eine seltsame Mütze. Als Augen der Hexe konnte man die beiden Fenster darunter ansehen.

Betty Layton bemerkte die Ähnlichkeit, während sie und ihr Zwillingsbruder Nick ihre Fahrräder die steile Auffahrt hinanschoben. Als sie es jedoch sagte, schnaubte Nick überheblich durch die Nase.

»Weiber!« sagte er. »Für mich sieht es wie ein Haus aus und nicht wie eine Hexe. Wahrscheinlich siehst du es schon auf einem Besenstiel davonfliegen.«

Betty wäre davon hell begeistert gewesen. Aber sie schnaufte noch viel verächtlicher als Nick. »Buben! Keine Spur von Phantasie!«

»Weiber!« beharrte Nick und setzte dann hinzu: »Wenn du auf einem Pferd sitzen könntest, hätten wir uns von

Onkel Jack zwei leihen und hierher reiten können – und so müssen wir uns abstrampeln. Meine Beine wollen bald nicht mehr.«

Bettys Beine waren auch müde. Aber sie wollte es nicht zugeben.

»Ist es mein Fehler, wenn ich gegen Pferde allergisch bin?« fragte sie. »Und diesen fürchterlichen Ausschlag kriege, sobald mir eines zu nahe kommt? Aber schön – wenn du dich ausruhen willst, warte ich gern auf dich.«

Statt einer Antwort raste Nick das letzte Stück bis zum Haus wie irrsinnig. Er lehnte sein Rad gegen die Treppe, lief hinauf zur Tür und zog hastig einen großen Messingschlüssel aus der Tasche. Blitzschnell schlüpfte er ins Haus und schlug Betty die Tür vor der Nase zu.

»Das ist gemein!« Erbost hämmerte Betty gegen die Tür. »Ich hätte dich eingeholt, aber deine Beine sind länger als meine!«

In Wahrheit war Nick nur drei Zentimeter größer als Betty. Sie sahen einander sehr ähnlich, nur mit dem Unterschied, daß das hellbraune Haar bei ihm kurzgeschoren war und bei ihr auf die Schultern fiel. Beide hatten fast die gleichen blauen Augen, aus denen dieselbe Mischung von Mutwillen, Humor und Klugheit blitzte.

»Wie spät ist es, wenn die Uhr dreizehn schlägt?« rief er durch die Tür. »Wenn du's nicht weißt, kommst du hier nicht herein.«

»Nicht zu spät, um sie zum Uhrmacher zu bringen!« rief Betty zurück, und Nick machte auf.

»Ich wußte nicht, daß du den kennst«, sagte er grinsend.

»Das war nicht schwer«, erklärte Betty. »Ich weiß sogar zwei Antworten. Noch besser gefällt mir die: ›Dann ist es genau Mitternacht, Geisterreich-Ortszeit‹.«

»Die ist ganz gut«, gab Nick zu. Er schloß die Tür. Sie sahen sich im dämmrig erhellten Innern des Hauses um – die Jalousien waren heruntergelassen – und sogen den sonderbar aus Feuchtigkeit, Staub und Moder gemischten Geruch ein, der sich nur in alten, unbewohnten Häusern findet.

»Ich möchte bloß wissen, wie Peter Perkins von diesem Haus hier oben in Massachusetts gehört hat«, sagte Nick laut. Er zog ein zusammengeknülltes Telegramm aus der Tasche und las es zum x-ten Mal.

Herrn Nicholas Layton
Fräulein Betty Layton
z. Z. bei Mr. J. H. Joseph
Forest Lake, Mass.

Liebe junge Freunde!
Ich habe eben gehört, daß sich ganz in Eurer Nähe, in der alten Villa Blackwell in Gorset, eine hervorragende Sammlung alter Bücher mit Rätseln und Scherzfragen befindet. Vielleicht könnt Ihr sie Euch einmal ansehen und für mich eine Aufstellung davon machen. Ich möchte sie gern für meine eigene Sammlung kaufen. *Peter Perkins* *

Aufgegeben war das Telegramm in Atlantic Beach, wo Perkins die Witz- und Rätselseite der Wochenendzeitung redigierte. Sie hatten Mr. Perkins vor zwei Jahren kennengelernt, als sie die Sommerferien in Atlantic Beach verbrachten, und dabei ihre gemeinsame Begeisterung für Rätsel und Wortwitze entdeckt. Nick und Betty schickten Peter alles dergleichen, was ihnen zu Ohren kam. Sie schrieben einander ziemlich regelmäßig. Was Nick nun stutzig machte, war Peters Nachricht über die Villa Blackwell – wie konnte er davon gehört haben? Nun, vielleicht war sie doch berühmter, als er und Betty wissen konnten, entschied er und steckte das Telegramm wieder ein.

Auf alle Fälle hatte Luke Bibbit, der Immobilienmakler, ihnen den Schlüssel freudig überlassen. Luke hatte etwas davon gemurmelt, welch »merkwürdiger Zufall« es sei, daß in ein und demselben Monat zwei Interessenten das alte Ge-

* Sicherlich werdet ihr euch daran erinnern, daß wir Peter Perkins im »Rätsel der sieben verdrehten Uhren« bereits begegnet sind. A. H.

bäude sehen wollten, während sonst Jahre hingingen, ohne daß sich jemand daran interessiert zeigte. Aber Nick hatte darauf gar nicht geachtet. Hätte er aufgepaßt, so wären ihm vermutlich Bedenken gekommen.

»Schau mal, Nick!« Betty lief ins Wohnzimmer und plumpste auf ein winziges Sofa, dem eine Staubwolke entquoll. »Alle Möbel sind im Kleinformat!«

»Ich weiß«, sagte Nick und folgte ihr. Er sah zur alters- und stockfleckigen Decke auf. Sie war so niedrig, daß man sie berühren konnte, und sie gab ihm das Gefühl, als senke sie sich langsam auf ihn herab, um ihn zu zermalmen. »Mr. Amos Blackwell war ein Zwerg. Aber er war sehr reich. Deshalb ließ er vor hundert Jahren dieses Haus und die ganze Einrichtung nach seinem Größenmaßstab bauen. So konnte er im Haus umhergehen und sich so groß wie alle anderen Leute fühlen.«

»Kein Wunder, wenn Mr. Babbit sagt, daß dieses Haus niemand kaufen wird«, meinte Betty. Sie stand auf und klopfte sich den Staub ab. »Du liebe Güte, ist das staubig. Wir gehen am besten gleich 'rauf und sehen nach den Büchern. Von den niedrigen Decken hier bekomme ich ein ganz komisches Gefühl – als wäre ich Alice im Wunderland, als sie zu wachsen anfing.«

Sie stiegen die Treppe hinauf. Im zweiten Stock waren Schlafräume mit Liliputbetten und -kommoden. Die Bibliothek fanden sie in dem runden Zimmer im dritten Stock. Dieser Raum hatte eine besonders hohe Decke, und Bücherregale füllten die ganze Wandfläche. Überall lagen verstaubte Bücher herum, doch die meisten standen noch auf den Brettern.

»Donnerwetter!« sagte Nick. »Da gibt's griechische und lateinische Bücher.«

»Und französische und deutsche«, ergänzte Betty. »Mister Blackwell muß schrecklich gebildet gewesen sein. Aber hier ist ein altes Buch mit Rätseln, Knobeleien und Scherzfragen. Gedruckt ist es in England – so steht es wenigstens vorne drin.«

»Das wollen wir uns ansehen«, sagte Nick. Er knobelte gern schwierige Denksportaufgaben aus, weil sie Logik erforderten. Betty löste am liebsten Rätsel, weil ihr dabei ihre lebhafte Phantasie zustatten kam.

Betty nahm das Buch vom Regal und blies den Staub fort. Sie ging damit zum Fenster, wo das Sonnenlicht in Streifen einfiel, und öffnete es auf gut Glück.

»Hier ist ein Rätsel«, rief sie. »Es hat Flügel und kann doch nicht fliegen, aber laufen soll es auch nicht.«

Nick schüttelte den Kopf. »Wie heißt die Auflösung?«

»Die Nase.«

Sie schüttelten sich vor Lachen. Und gerade in diesem Augenblick hörten sie von unten den unerwarteten und sonderbar erschreckenden Anschlag der Hausglocke.

Sie waren sofort still. Rrring! Rrring! Lärmend heischte die Glocke Aufmerksamkeit. Aber wer würde an einem längst verlassenen alten Haus im Walde läuten, zwei Meilen vom nächsten Nachbarn entfernt?

Sie gingen ans Fenster. Von hier aus hatten sie einen herrlichen Blick über die Bäume, auf das Tal und den Fluß, bis hin zur Farm und Ferienpension von Onkel und Tante, wo sie den Sommer verbrachten. Doch auf dem Zufahrtsweg war niemand zu sehen.

Wieder schellte die Türglocke mit barschem Klang, als wolle sie sagen: »Aufmachen!« Es war keine elektrische Klingel, sondern eine altmodische Glocke mit einem Zug außen an der Tür. Der Besucher riß immer ungeduldiger am Handgriff, und die Glocke lärmte immer heftiger.

»Wir sollten doch lieber nachsehen, wer es ist«, sagte Betty, und Nick stimmte zu. Er ging als erster treppab. Die Glocke schwieg jetzt, aber Nick schien es, als sei das Haus von kleinen Echo-Lauten erfüllt, die aus allen Ecken drangen. Er gab sich einen energischen Ruck. Nun entwickelte er schon eine Phantasie wie Betty!

Er ging zur Haustür und riß sie auf. Draußen stand ein kleiner dicker Mann und blickte sie strahlend an. Er hatte einen langen Schnurrbart und eine ungewöhnlich große Brille auf der Nase, und er trug eine blaue Hose und eine blaue Jacke mit Goldknöpfen. Auf dem Kopf hatte er eine Mütze, die ihm viel zu klein war und das Postabzeichen trug.

»Telegramm«, sagte der Dicke und streckte Nick einen gelben Umschlag hin. »An Geschwister Layton!« Der Mann sprach so übersorgfältig, als sei er Ausländer und habe die Sprache aus Büchern gelernt. »An Geschwister Layton gemeinsam auszuhändigen.«

»Der redet und sieht aus wie jemand aus Alice im Wunderland!« flüsterte Betty. Sie und Nick hatten die Fertigkeit entwickelt, einander etwas zuzuflüstern, ohne dabei die Lippen zu bewegen, und mit so leiser Stimme, daß es selbst aus einem Meter Nähe niemand hören konnte.

»Woher wußte er, daß wir hier sind?« flüsterte Nick.

»Wunder über Wunder«, wisperte Betty. »Lies vor.«

Nick öffnete den Umschlag und entnahm ihm ein gelbes Telegrammformular. In Maschinenschrift stand darauf:

Herrn Nicholas Layton
Fräulein Betty Layton
z. Z. Villa Blackwell – Gorset, Mass.

Liebe junge Freunde!
Löst mir dieses Rätsel: Ich schicke Euch kein Telegramm und doch unterzeichne ich Peter Perkins

»Nick!« rief Betty. »Das ist gar kein richtiges Telegramm. Es ist einfach auf ein leeres Telegrammformular getippt, wie man es auf der Post bekommt!«

»Richtig«, sagte Nick. »Und darin steht, daß Peter Perkins uns *kein* Telegramm geschickt hat. Das bedeutet –«

Er sah den kleinen Dicken an, der noch immer grinste. Aber sein Lächeln hatte jetzt einen unheilvollen Ausdruck, und die lächerliche Botenmütze, die ihm am Kopf klebte, verlieh seinem Auftreten eine unbestimmte Drohung.

»Das ist kein Telegramm«, sagte Nick entschlossen. »Und auch das andere Telegramm, das mit Peter Perkins unterzeichnet ist, war nicht von ihm, stimmt's? Und Sie sind nicht von der Post.«

Der dicke Mann wischte sich die zu klein geratene Mütze vom Kopf und verbeugte sich.

»Erraten«, sagte er. »Genauestens. Unbezweifelbar richtig. Hier liegt der Hase im Pfeffer. Man beachte meine Beherrschung der Sprache. Ich bin beglückt, euch beide ebenso aufgeweckt und intelligent anzutreffen, wie ihr mir geschildert wurdet. Dementsprechend werdet ihr euch vergegenwärtigen, daß Widerstand sinnlos ist.«

»Was redet er da?« flüsterte Betty. »Der ist ja nicht normal.«

»O doch«, gab Nick leise zurück. »Er sieht hinter unserem Rücken etwas. Dreh dich langsam um, und schrei nicht.«

»Das tu ich nie!« Obwohl Betty die Worte nur flüsterte, kamen sie in eisig-erbostem Ton. Nick fühlte sich versucht, sie daran zu erinnern, wie sie in ihrem Bett die präparierte Schlange gefunden hatte, aber dazu war jetzt nicht der richtige Augenblick.

Langsam drehten sich beide um und erblickten einen häßlichen Mann mit breiten Schultern und langen Armen, der in der niedrigen Eingangshalle stand. Seiner Größe wegen mußte er den Kopf einziehen, aber auch so schien er drei Meter groß zu sein.

In Wirklichkeit war er nur knapp zwei Meter groß, aber das reichte, um den ganzen Raum auszufüllen. Betty hielt vor Schreck den Atem an. Nick sprach hastig aus dem Mundwinkel heraus.

»Ich zähle bis drei«, sagte er, »dann rennst du los – rückwärts! Damit rechnen sie nicht. Wir laufen an dem Dicken vorbei, schnappen unsere Räder, und dann den Berg 'runter, so schnell wir können. Mach dich fertig. Eins, zwei, drei!«

Bei dem Wort »drei« lief er mit aller Kraft rückwärts los. Betty startete ebenfalls, aber unglücklicherweise verwechselte sie die Richtung und lief vorwärts. Sie prallte gegen den Riesen, der sie nur aufzufangen brauchte. Nick, im Rückwärtsgang, rammte den Bauch des dicken Mannes – allein.

Der kleine stämmige Ausländer schwankte wie ein getroffener Kegel, aber er fing sich wieder und warf die Arme um Nick. Damit waren sie beide säuberlich gefangen wie zwei Schmetterlinge, die man auf ein Brett gespießt hat.

»Grundgütiger Himmel!« Der Dicke rang nach Luft. »Wie flink sie sind! Wir dürfen ihnen keine weitere Chance geben, Edo.«

»Renk ihnen die Beine aus«, grunzte der lange Kerl mit einem fremdländischen Akzent, den Nick nicht erkennen konnte. »Ganz klein müssen die werden.«

»Aber Edo, Langmut und Freundlichkeit heißt unsere Losung. Oder sagt man Parole? Doch das ist gleichgültig. Laß uns die beiden zum Wagen bringen.«

Er wechselte geschickt den Griff, so daß er Nicks Handgelenk hinter dessen Rücken verdreht hielt. Es schmerzte nicht, aber schon der geringste Druck konnte ein gebrochenes Handgelenk zur Folge haben, das wußte Nick.

Betty starrte ihn an, stocksteif in Edos Zugriff. »Nick!« sagte sie. »Tu doch was!«

»Da ist nichts zu tun«, antwortete Nick. »Sie sind stärker als wir.«

»Ein kluger Bursche!« rief der dicke Mann. »Bring du die junge Dame, Edo. Aber behandle sie, als seist du ihr Kavalier.«

Er drehte Nick um und lenkte ihn die Vortreppe hinunter und die Auffahrt entlang. Um die Ecke parkte ein alter geschlossener Lieferwagen, der in frischer Farbe die Aufschrift trug:

PHILIP ANDRES
Mechanische Werkstätte

Hinter sich hörte Nick Betty schreien. »Hilfe! Hilfe! Wir –«

Die Worte wurden so plötzlich erstickt, daß Nick buchstäblich sehen konnte, wie Edos Pranke Bettys Mund zuhielt.

»Edo!« sagte Nicks Bewacher. »Das ist nicht fein. Nimm die Hand weg.«

»Die schreit! Die ruft um Hilfe!«

»So laß sie.« Der dicke Mann wandte Nick um, so daß er Bettys wütendes Gesicht sehen konnte. »Laß sie beide schreien. Los, ruft um Hilfe!«

»Hilfe!« brüllte Betty wieder. »Hiilfe!«

Als sie sah, daß Nick nicht einstimmte, verstummte sie. »Warum schreist du nicht?«

»Es hat keinen Zweck«, sagte Nick. »Hier kann uns kein Mensch hören. Sie würden uns nicht schreien lassen, wenn wir irgendwo gehört werden könnten.«

»Natürlich«, sagte Betty voll Bitterkeit, »mal wieder deine Logik. Jungen finde ich abscheulich, immer wollen sie logisch denken.«

»Ein hochinteressantes Zwiegespräch – man sagt ja wohl auch Geplänkel oder Wortwechsel«, ließ sich der kleine dicke Mann vernehmen. »Ihr seht, mein Wortschatz übertrifft den der meisten Einheimischen. Ich treibe sehr intensive Sprachstudien. Ich beherrsche elf andere Sprachen, aber diese ist die schwierigste. Doch nun hinein mit euch. Wir müssen eine weite Strecke überwinden.«

Er nahm Nick die Armbanduhr ab, ebenso das Taschenmesser mit dem in den Griff eingelassenen Kompaß, ein paar Geldstücke und den Schraubenzieher, den Nick ständig bei sich hatte, weil sich das schon oft bewährt hatte. Betty nahm der kleine Mann ihr Täschchen weg; ihr silbernes Armkettchen mit dem glückbringenden pfenniggroßen Silberanhänger durfte sie behalten. Dann schubsten die Männer Nick und Betty in den Laderaum des Lieferwagens, warfen die Fahrräder hinterher und schlossen die Tür. Bald darauf fuhr der Wagen ab. Zwischen ihnen und dem Fahrersitz war eine starke Trennwand, und somit waren sie recht ausbruchsicher gefangengesetzt.

Zunächst versuchte Nick zu erraten, in welche Richtung und wie lange sie fuhren. Er merkte sich die Kurven, in die der Wagen einbog, und zählte dann seine Pulsschläge, um die Zeit bis zum nächsten Abbiegen zu errechnen. Aber nach einem Dutzend Kurven gab er heillos verwirrt auf.

»Wohin bringen sie uns – was meinst du?« fragte Betty.

»Das bekommen wir nach meiner Schätzung nicht heraus«, sagte Nick in seinem logischen Ton, der sie in Wut brachte. »Komm, wir sehen uns im Wagen gründlich um und suchen einen Ausweg.«

Gemeinsam untersuchten sie das Wageninnere Zoll für Zoll. Alles, was sie entdeckten, war ein enger Spalt an der Unterkante der Hintertür. Wenn Nick sich auf die Seite legte und mit einem Auge hindurchblinzelte, konnte er ein ganz schmales Stück des Randstreifens sehen. Er schaute lange hin und hoffte, irgendein Straßenschild zu sehen, aber die Tafeln waren alle zu hoch.

Die Zeit verging, und sie wurden hungrig. Sie aßen die Brote aus den Vesperpaketen, die sie auf dem Gepäckträger mitgebracht hatten. Und da es darauf nichts mehr zu tun gab, breiteten sie ein paar Säcke auf dem Boden des Wagens aus und legten sich schlafen.

Sie hatten keine Ahnung, wie lange sie geschlafen hatten, als ein Holpern sie aufweckte.

»Ein Bahnübergang«, sagte Nick, als es wieder rumpelte. Er legte ein Auge an den Spalt und konnte gerade den unteren Teil vieler eng zusammengebauter Häuser erkennen. »Wir sind in einer größeren Stadt, würde ich sagen«, berichtete er. »Jetzt fahren wir über eine Brücke. Da ist ein kleiner Fluß, und ich glaube, ich sehe ein Stück von einem Ziegelbau, eine Fabrik, wie man sie in alten Städten findet.«

Im nächsten Augenblick bogen sie in eine schmale Straße ein, danach in eine Einfahrt. Nick wurde plötzlich die Sicht genommen, als sie in eine dunkle Garage rollten. Dann hielt der Wagen, und Nick richtete sich auf.

»Immer mit der Ruhe«, riet er Betty. »Ehe wir etwas unternehmen, müssen wir herauskriegen, um was es hier eigentlich geht.«

Das war einer jener Ratschläge, die Betty für gänzlich nutzlos hielt und mit denen Jungen einem Mädchen gegenüber sehr freigiebig waren; sie glaubten anscheinend, Mädchen verlangten ständig nach ihrer überlegenen Weisheit.

Aber sie unterdrückte eine sarkastische Bemerkung. Es lief im Notfall doch darauf hinaus, daß sie sich lieber auf Nicks nüchternes Urteil als auf ihre eigene, oft vorschnelle Reaktion verließ.

Gleich darauf ging die Wagentür auf. Edo und der dicke Mann standen davor. Hinter ihnen war die Garagentür fest verschlossen.

»Wir sind am Ziel«, sagte der Dicke gutgelaunt. »Willkommen in meinem bescheidenen Domizil, gleichbedeutend mit Heim oder Behausung. Wir werden uns öfter unterhalten, und ihr werdet mir helfen, meine Ausdrucksweise zu verbessern. Ich glaube, ich spreche zu korrekt, nicht wahr? Nicht so waschecht wie die Leute hier.«

Als Betty und Nick herauskletterten, wurden sie gleich von ihm und Edo am Arm genommen und durch eine Tür geführt. Dahinter lag ein Flur, dann kam eine abwärts führende Treppe. Sie stiegen hinunter und kamen nochmals durch eine Tür. Edo knipste Licht an, und sie fanden sich in einem Kellerraum, der zwar nicht gerade luxuriös, aber immerhin erträglich war.

Es war ein ziemlich großer Raum mit grüngestrichenen Wänden und einem Zementboden. Offenbar war er als Freizeitraum benutzt worden, denn zwei Liegen mit überzogener Matratze standen an einander gegenüberliegenden Wänden; in der Mitte des Raums war ein Ping-Pong-Tisch mit Schlägern und Bällen. Auf einem Regal standen ein paar alte Bücher. Ein Fenster gab es nicht; zur Belüftung diente eine kleine vergitterte Öffnung hoch oben in der Wand.

»Fühlt euch wie zu Hause«, sagte der dicke Mann. »Ihr werdet etwas zu essen bekommen und könnt Tischtennis spielen, und dann werden wir uns unterhalten, plaudern, schwatzen, diskutieren – was ist das richtige Wort?«

»Tratschen«, schlug Betty vor.

»Quatschen«, sagte Nick gleichzeitig.

»Tratschen – quatschen. Oh, das ist eine schwere Sprache. Nun komm, Edo, wir haben viel zu tun.«

Sie gingen hinaus und verriegelten die Tür von außen.

»So, nun wollen wir uns hier umsehen«, sagte Nick.

Es dauerte nicht lange. Nebenan war ein winziges Badezimmer, das aber normalen Ansprüchen genügte. Doch es fand sich nichts, was als Ausbruchsinstrument geeignet gewesen wäre, und auch kein Fluchtweg. Sie entdeckten, daß eine dreiarmige Stehlampe am Bücherregal ein behaglicheres Licht gab als die Birne an der Decke, aber sonst war nichts zu gebrauchen.

»Wenn nur der Sicherungskasten, den wir im Flur gesehen haben, hier drin wäre«, murmelte Nick, aber er erklärte nicht, was er in diesem Fall damit anfangen würde. Betty fragte nicht danach, weil Nick seine Ideen nicht gern vorzeitig preisgab. Manche Jungen taten das, wie sie beobachtet hatte, aber andere behielten einen Einfall lieber für sich, bis der richtige Zeitpunkt zum Handeln gekommen war. Nick gehörte zu den letzteren.

»Was machen wir nun?« fragte Betty.

»Losheulen«, empfahl ihr Nick.

»Heulen?« Sie sah ihn verwundert an. »Das kann ich doch nur, wenn ich traurig bin.«

»Dann mußt du eben traurig sein«, entschied Nick. »Da kommt jemand die Treppe herunter. Hört sich wie Edo an.«

Betty wollte gerade protestieren, aber Nick warf sich auf eine Liege und vergrub das Gesicht in den Händen. Betty ließ sich auf die andere Liege fallen und dachte an den Tag, als ihr Kätzchen davongelaufen und nicht wiedergekommen war. Bis die Tür aufging und Edo mit belegten Broten und zwei Gläsern Milch auf einem Tablett hereinstampfte, liefen ihr echte Tränen die Backen hinunter.

Edo stellte das Tablett auf den Ping-Pong-Tisch. »He – ihr beiden«, brummte er.

Sie setzten sich auf, Betty in Tränen, Nick mit unglücklichem Gesicht, aber außerstande, wirklich zu weinen. Irgendwie schien es Betty, als stimme der Anblick ihrer Tränen den großen Kerl um.

»Schön«, sagte er. »Das gefällt mir. Nur keine Faxen. Sonst –«

Er machte eine Bewegung, als wolle er jemandem den Hals umdrehen, und ahmte häßlich den Laut brechender Knochen nach. Dann stolzierte er hinaus und verriegelte die Tür wieder. Betty hörte sofort auf zu weinen.

»Na?« fragte sie ihren Bruder.

»Edo traut uns nicht«, sagte Nick mit einem Anflug von Genugtuung. »Er hat Angst, wir könnten zu klug für ihn sein. Als er sah, wie du heultest, war er beruhigt. Aber der andere, der Chef, ist so stolz auf seine eigene Weisheit, daß wir ihm kein Kopfzerbrechen bereiten.«

»Na, dafür macht er mir genug«, verkündete Betty. »Ich will hier 'raus.«

»Auf den Liegen sind Bettücher, und da hätte ich eine Idee«, sagte Nick. »Aber wir müssen warten, bis wir wissen, was sie vorhaben. Komm, wir essen und versuchen, uns ein bißchen an die beiden heranzutasten.«

Sie nahmen von den Broten. Ihrem Appetit nach zu urteilen, mußte es Spätnachmittag oder früh am Abend sein.

»Sie sind Ausländer«, sagte Betty. »Aber ich weiß nicht, woher. Der Dicke spricht ganz gut, aber er hat zuviel im Wörterbuch gelesen, statt die Sprache im Land zu lernen. Und sie haben sich die größte Mühe gegeben, um uns zu schnappen. Sie wußten, daß Peter Perkins unser Freund ist – also haben sie uns entweder lange beobachtet oder in den letzten Wochen in unserer Post 'rumgeschnüffelt.«

»Ich würde sagen, die haben unsere Post gelesen«, warf Nick ein. »Onkel Jack und Tante Ellen haben ja die Pension, und ein paar Gäste kamen mir reichlich merkwürdig vor. Einer von denen könnte uns leicht bespitzelt und unsere Post gelesen haben.«

»Dahinter steckt bestimmt eine große Organisation«, fuhr Betty fort. »Wie sie herausgefunden haben, daß wir gern Rätsel lösen, und dann von den Rätselbüchern in der alten Villa Blackwell erfahren haben und uns ein falsches Telegramm aus Atlantic Beach mit Peter Perkins' Unterschrift geschickt haben – das alles bedeutet, daß mindestens vier oder fünf Leute hier zusammenarbeiten. Ein Spionagering aus dem

Ausland!« schloß sie und sah Nick mit großen runden Augen an.

»Daß sie uns in dem alten Gemäuer aufgelauert haben, wo niemand in der Nähe war, das war geschickt gemacht«, sagte Nick. »Sie haben sich wirklich Mühe gegeben. Das bedeutet, daß es ihnen um etwas Großes geht. Aber was? Vater ist nicht reich, und seine chemische Fabrik macht ja nichts furchtbar Wichtiges wie Raketentreibstoff oder so was.«

»Aber was kann es dann bloß sein?« Betty runzelte die Brauen.

»Darüber brauchen wir uns nicht den Kopf zu zerbrechen. Sie erzählen es uns schon früh genug. So wie sich der Dicke aufführt, glaube ich, daß wir uns keine Sorgen zu machen brauchen, wenn sie nur kriegen, was sie wollen.«

»Na, ich hab' jedenfalls ne ganz schöne Wut auf sie!« sagte Betty. »Denen möchte ich es zu gern zeigen, daß sie uns nicht einfach 'reinlegen und ihr Geschäft machen können.«

»Das möchte ich auch«, stimmte Nick zu. »Aber wir müssen abwarten, was passiert. Wie wär's mit einem Match?«

Sie spielten vielleicht eine Stunde lang mit wahrem Schwung Tischtennis. Nick hatte die größere Schlagkraft, aber Betty war wendiger und konnte Bälle parieren, die unhaltbar aussahen. Als die Tür aufging und der kleine dicke Mann eintrat, stand es noch immer unentschieden. Er hatte den falschen Schnurrbart, die große Brille und die komische Kleidung abgelegt und sah nun aus wie ein Geschäftsmann oder auch ein Lehrer. Wer ihn in seiner Verkleidung gesehen hätte, würde ihn jetzt nur mit Mühe wiedererkennen, ging es Nick durch den Kopf.

»Oh, guten Tag, Mr. – hm, heißen Sie wirklich Andres?«

»Das steht auf meinem Lastwagen«, sagte der Mann mit feinem Lächeln, »aber in Wirklichkeit heiße ich anders. Anders und nicht Andres. Na? Ich kann sogar schon Witze machen. Nennt mich Mr. Nemo. Ich wollte euch aufsuchen.«

»Möchten Sie Ping-Pong spielen, Mr. Nemo?« fragte Betty.

»O nein, meisten Dank – ich meine, vielen Dank.« Mister Nemo klopfte sich auf den feisten Leib. »Ich übe nur geistiges Training aus. Wir wollen etwas anderes versuchen. Gebt mir ein Rätsel auf. Laßt mich meine weitreichende Kenntnis eurer Sprache erproben.«

»Hier haben Sie etwas Leichtes«, sagte Betty. »Warum ziehen alle Leute zuerst den rechten Schuh an?«

»Den rechten Schuh zuerst?« Mr. Nemo sah auf seine Füße nieder. »Ja, in der Tat, ich ziehe wirklich den rechten Schuh zuerst an. Aber ich weiß nicht, warum. Wie lautet die Antwort?«

»Weil es Unsinn wäre, den falschen zuerst anzuziehen«, erklärte Betty.

»Oh – natürlich. Noch eine Aufgabe, bitte.«

»Nun kommt eine selbsterfundene«, sagte Nick. »Was haben eine kaputte Trompete und eine stillgelegte Lehmgrube gemeinsam?«

Mr. Nemo sah recht ratlos drein. Sogar Betty zog beim Überlegen die Stirn in Falten. »Ich habe es!« rief sie schließlich.

Mr. Nemo schüttelte den Kopf. »Aber ich nicht. Du mußt es mir sagen.«

»Beide bringen keinen Ton mehr hervor«, sagte Betty. Er sah noch immer verwirrt aus.

»Wie bitte – Ton?«

»Der Ton in der Musik und der Ton zum Brennen«, erläuterte Nick.

»Ton – Ton . . .« murmelte Mr. Nemo. »Lieber Himmel, welch schwere Sprache. Doch ich glaube, ich kenne sie gut genug. Also wollen wir jetzt zur Sache kommen. Es ist wirklich äußerst einfach. Euer Vater hat etwas, was mir fehlt. Ich habe schon versucht, es ihm zu stehlen; das mißlang mir. Nun will ich ihm dafür einen Tauschhandel vorschlagen. Das Tauschobjekt seid ihr.«

Er strahlte die beiden an, als habe er ihnen soeben einen großen Gefallen getan. Nick und Betty wechselten einen »Hab-ich's-nicht-gesagt«-Blick.

»Ich bin sicher, daß alles gut vonstatten gehen wird«, sagte Mr. Nemo. »Ich habe bestens vorgearbeitet. Lest bitte diesen Brief.«

Er zog ein zusammengefaltetes Blatt Papier hervor und reichte es Nick. Betty kam dicht heran, um mitlesen zu können. Es war an ihren Vater gerichtet.

Geehrter Mr. Layton!
Sie haben unlängst ein neues und sehr wirkungsvolles Rostschutz- und -entfernungsmittel erfunden. Ich möchte sehr gern die chemische Zusammensetzung kennen. Es ist mein Wunsch, auch mein Land an den Segnungen Ihrer großartigen Entdeckung teilhaben zu lassen.
Sie werden die Zusammensetzung aufschreiben und sie auf Mikrofilm verkleinern. Ich werde Ihnen vier Boten senden, und Sie werden jedem eine Kopie übergeben. Innerhalb von 24 Stunden nach ihrer Rückkehr werden Nicholas und Betty Ihnen alles über ihr Abenteuer berichten können; jedoch nur, wenn Sie die durch die Sendboten überbrachten Anweisungen genau befolgen und die Behörden nicht in irgendeiner Weise informieren. Ich bin ein friedlicher Mensch, aber ich kann hart sein. Untenstehend die Fingerabdrücke Ihrer Kinder als Beweis dafür, daß sie in meiner Hut und bei bestem Befinden sind.

Mit vortrefflicher Hochachtung
Mr. Nemo

Verwirrt sah Nick Mr. Nemo an. »Das verstehe ich nicht«, sagte er. »Rostentfernungsmittel? Ich meine, wenn Paps einen neuen Raketentreibstoff erfunden hätte –«

»Raketentreibstoff?« sagte Mr. Nemo kopfschüttelnd. »Das interessiert mich nicht, mein Junge. Ich bin Geschäftsmann. Nun überlege doch: Wie viele Millionen Tonnen Eisen und Stahl rosten alljährlich! Wie viele Menschen verbringen all ihre Zeit damit, große Brücken anzustreichen und Maschinenteile zu ölen, damit sie nicht rosten! Wie viele Millionen Maschinen aller Art verrosten jedes Jahr und werden damit wertlos!«

Nick war sichtlich beeindruckt. »Das stimmt«, sagte er zu Betty. »Weißt du noch, wie das Garagendach einmal im

Winter undicht war und unser Motormäher so verrostete, daß wir ihn wegwerfen mußten? Damals hat Paps angefangen, an seinem Rostschutzmittel zu arbeiten. Und hast du gemerkt, daß auf unseren Rädern nicht der kleinste Rostfleck zu sehen ist, seit wir sie mit dem Zeug poliert haben, das er uns im Herbst gegeben hat?«

»Der Kampf gegen den Rost kostet Millionen!« sagte Mr. Nemo. »In meinem Land haben wir viele teure Maschinen, die verrosten, weil die Bauern sie auf den Feldern stehen lassen. Bald darauf sind sie wertlos. Das neue Rostschutzmittel eures Vaters wird sie retten.«

»Aber warum kaufen Sie es ihm dann nicht einfach ab, statt das Rezept zu stehlen?« fragte Nick.

»Wäre das nicht viel einfacher?« wollte auch Betty wissen.

»Doch«, gab Mr. Nemo zu. »Aber viel teurer. Wir werden pro Jahr wahrscheinlich mindestens für eine Million Dollar davon verbrauchen.«

»Donnerwetter!« meinte Nick zu Betty. »Für eine Million Dollar! Kein Wunder, daß Sie sich solche Mühe gegeben haben. – Sie sind ein Spion, nicht wahr?«

»So – bitte.« Mr. Nemo zog ein Stempelkissen aus der Tasche. »Drückt eure Finger darauf und dann auf den Brief. Ich bin kein Spion – wenigstens nicht offiziell. Ganz inoffiziell. Das ist viel besser.«

Nick steckte die Hände in die Taschen. Betty legte sie auf den Rücken.

»Sie glauben doch nicht, daß Paps sich davon überzeugen ließe, oder?« fragte Nick.

»Papa ist Wissenschaftler. Er muß für alles einen Beweis haben«, fügte Betty hinzu.

»Und zwei Fingerabdrücke werden kaum beweisen, daß es uns wirklich gut geht«, meinte Nick tiefsinnig.

»Bitte!« Mr. Nemo sah betrübt aus. »Mein Plan ist so perfekt, und ihr seid nicht in Gefahr. Niemand kann uns hier aufspüren. Und später mögt ihr uns beschreiben – wir sind dann Tausende von Kilometern weit weg von hier, und es kümmert uns nicht mehr.«

»Man könnte Ihren Boten folgen«, sagte Nick. »Das ist immer der schwache Punkt bei einer solchen Methode.«

»Setzt euch«, sagte Mr. Nemo. Er drehte sich um und öffnete die Tür. »Edo! Bring Zephir, Monsun, Passat und Schirokko!«

Nick und Betty setzten sich auf eine Liege. Gleich darauf erschien Edo mit einem Weidenkorb. Mr. Nemo nahm ihm den Korb ab und schickte ihn wieder weg. Dann nahm er eine schlanke graue Taube aus dem Korb und hielt sie behutsam zwischen den Händen.

»Das ist Monsun«, sagte er. »Ist er nicht schön? Zephir, Passat und Schirokko sind seine Brüder.«

»Eine Brieftaube!« rief Nick. Sein Interesse war entfacht. »Sie lassen sich Mikrofilm-Kopien von dem Rezept durch vier Brieftauben bringen! Das ist die Masche!«

»Das will ich meinen«, sagte Mr. Nemo. »Sie wurden sorgfältig dressiert. Sie werden per Expreß angeliefert, und euer Vater wird Anweisung erhalten, sie morgen genau eineinhalb Stunden vor Sonnenuntergang freizulassen. Und wenn sie mit ihrer Kunde wieder hier angelangt sind, kann ich die Segel setzen. Deshalb gab ich ihnen die Namen von vier Winden –. Ihr glaubt vielleicht, euer Vater könne versuchen, sie zu verfolgen. Doch das ist ausgeschlossen. Sie fliegen mit fast achtzig Kilometer pro Stunde, und zu der bewußten Tageszeit sind große Vogelscharen in der Luft, Tauben und Sperlinge, die von dem Ort, wo sie Futter fanden, wieder in die Stadt zurückkehren. Meine vier schönen Tauben werden sich rasch unter all den anderen verlieren. Die einzige Gefahr droht möglicherweise von einem Habicht. Aber alle vier kann ich nicht verlieren.«

Er strich die Federn des Vogels glatt.

»Versteht ihr? Selbst wenn einer oder zwei meiner Vögel nicht zurückkommen, sind nicht alle verloren. Und sie werden niemandem auffallen. Viele Einwohner dieser Stadt halten und züchten Tauben aus Liebhaberei, und wir sind schon seit Monaten hier und allgemein bekannt. Nichts kann Aufsehen erwecken – nichts. Zephir und Monsun – und vielleicht auch Passat und Schirokko werden mit dem Rezept zurückkommen. Edo und Mr. Nemo fahren in dem alten Lastwagen weg, wechseln dann in einen schnellen Wagen über, fahren zu einem Flugplatz und fliegen selbst wie Vögel davon. Bald darauf seid ihr und euer Vater wieder vereint. Ein erfreuliches Geschäft wurde mit einem Minimum von Aufwand und Verdruß abgeschlossen. Und ich nehme ihm auch nichts weg. Er hat noch immer das Rezept für seine eigenen Geschäfte. Ich teile es lediglich mit ihm!«

»Scheint mir, als hätte er an alles gedacht«, sagte Nick unwillig zu Betty. »Schätze, wir werden uns fügen müssen.«

»Ich auch. Aber Mr. Nemo, lassen Sie uns lieber selbst etwas an Papa schreiben. Dann weiß er, daß es uns gut geht, und schickt das Rezept ohne Bedenken auf den Weg.«

»Ausgezeichnet«, sagte Mr. Nemo. »Aber ihr müßt schnell schreiben und dürft nicht versuchen, mich an der Nase herumzuführen. Mr. Nemo läßt nicht mit sich witzeln.«

»Spaßen«, verbesserte Betty. »Bestimmt nicht.«

Mr. Nemo legte Brief und Stift auf den Ping-Pong-Tisch.

»Schreibt schnell«, sagte er warnend, »wenn ihr zögert, muß ich annehmen, daß ihr euch einen Trick ausdenkt. Ich weiß, daß ihr klug seid. Seid nur nicht zu klug.«

»Du liebe Güte!« murrte Betty. »Wenn wir wirklich klug wären, wären wir schließlich nicht hier.«

Dann schrieb sie flott ans Ende des Briefes:

Lieber Papa!
Tu bitte genau das, was Mr. Nemo will, dann ist schon bald alles anders. Er ist sehr nett, und wir haben es gut bei ihm. Wenn Du Zeit hast, so rufe bitte Mrs. Jones an (aber Du mußt laut sprechen, sie ist furchtbar schwerhörig!) und frage sie nach »Anemone«, dem Pony, das sie mir verkaufen wollte. Als ich es zuletzt sah, lag es da und streckte alle viere von sich. Kannst Du mal den Arzt danach sehen lassen? Vielleicht steckt etwas anderes dahinter.
Bitte denk auch daran, daß meine Aquariumfische frisches Wasser bekommen, und geh mit Rex spazieren und sag ihm

schöne Grüße von mir. Darf ich einen Goldhamster haben? Tante hat welche, und sie sind so süß. Ich freue mich aufs Wiedersehen.

Herzlichst,
Deine Tochter Betty

Mr. Nemo las den Brief langsam und mit lauter Stimme vor. Dann nickte er. »Sehr gut«, sagte er. »Ich freue mich, daß du mir keine Falle stellen willst. So, mein Junge, nun bist du dran.«

»In Ordnung«, sagte Nick. Der Stift huschte nur so übers Papier.

Lieber Paps!
Mädchen sind doch zu blöd! Sich in einer solchen Lage um Tiere Sorge zu machen! Und warum soll das Pferd ausgerechnet »Anemone« heißen? Mrs. Jones nennt es doch immer anders. Jessika Russo will es übrigens auch kaufen, also beeil dich.
Es ist natürlich alles anders gekommen, als wir es uns gedacht hatten, aber Mr. Nemo ist gar nicht so. Wenn Du seinen Weisungen folgst, werden wir nicht mehr lange auf Dich warten müssen.

Gruß Nick

Mr. Nemo las auch diesen Brief laut vor. Bei einer Stelle wandte er sich stirnrunzelnd zu Nick. »Dieses ›Mr. Nemo ist gar nicht so‹«, meinte er. »Der Ausdruck gefällt mir nicht.«

»Es heißt, daß Sie ein prima Kerl sind«, sagte Betty.

»Ein patenter alter Knabe«, warf Nick ein; diesen leicht angestaubten Ausdruck hatte Mr. Nemo vielleicht schon gehört.

»Ah ja, ein patentes altes Haus!« Mr. Nemos Gesicht hellte sich auf. »Ich verstehe. Aber ›ist gar nicht so‹ und ›prima Kerl‹ ...« Er schüttelte den Kopf. »Für mich ist diese Sprache sehr schwer zu handhaben. Nun, sei's drum. Euer

Vater erhält den Brief morgen früh. Und ich hoffe, daß er meinen Weisungen folgt. Dann sind wir alle glücklich und zufrieden.«

Mit breitem Lächeln ging er hinaus und schob den Riegel vor. Sobald er fort war, ließ sich Betty neben Nick auf die Matratze fallen.

»Deine Nachricht an Papa war ausgezeichnet«, flüsterte sie. »Natürlich habe ich mich darauf verlassen, daß du damit meine noch besser erklärst. Mehr konnte ich nicht sagen. Aber trotzdem war meine Idee auch gut, meinst du nicht?«

»Auch nicht anders als meine«, sagte Nick ohne große Begeisterung.

»Anders – was soll das nun schon wieder heißen?« begehrte Betty auf. »Sie war richtig gut! Oder glaubst du etwa, daß Papa es nicht kapieren wird?«

»Doch, sicherlich«, stimmte Nick zu. »Nur bin ich mir nicht sicher, ob es überhaupt eine gute Idee war. Wenn du in deinem Brief keine Geheimbotschaft versteckt hättest, hätte ich es auch nicht getan. Aber da du es nicht lassen konntest, mußte ich auch Hinweise dazu geben. Eigentlich hatte ich etwas anderes vor.«

»Was denn?« fragte Betty neugierig.

Aber Nick wollte nichts erzählen. Er sagte: »Heute gehen wir lieber früh schlafen. Morgen gibt es viel zu tun.«

Guten Abend. Vielleicht dachtet ihr, ich sei diesmal anderweitig beschäftigt. Ich versichere euch jedoch, daß ich den Ereignissen mit lebhafter Anteilnahme gefolgt bin. Es liegt klar zutage, daß die scheinbar harmlosen Zeilen von Nick und Betty eine ganze Menge mehr aussagen, als es scheint. Doch kann ich Mr. Nemo nicht für seine Begriffsstutzigkeit tadeln. Immerhin gibt es hier etliche Dinge, die er nicht wissen kann. Seht zum Beispiel im siebten Abschnitt am Anfang unserer Geschichte nach — dort werdet ihr etwas bereits Bekanntes ent-

decken, das euch beim Enträtseln von Bettys Nachricht hilft. Und noch ein Hinweis: wie sagt man noch für »Anemone«? Buschwindröschen, richtig. Na und? Windröschen, Windrose . . .

Nun zu Nicks verschlüsselter Botschaft. Lest euch den Satz »Jessika Russo will es übrigens auch kaufen« schnell vor. Was verbirgt sich in den ersten beiden Worten, und welcher Vergleich drängt sich dabei auf? Im übrigen ist gleich darauf die Rede von »beeilen« und »Weisungen folgen«. Mehr sage ich nicht, sonst platzt die Bombe, um im kuriosen Jargon der Unterwelt zu sprechen. Also weiter im Text!

Nun verflog die Zeit rasch. Edo brachte das Abendessen auf Plastiktellern mit Plastikbesteck. Nach dem Essen versuchte Betty, Nick seine Idee abzulisten, aber Nick schwieg sich hartnäckig aus. Sie spielten Ping-Pong, bis Nick plötzlich bestimmte, es sei Schlafenszeit.

Sie wuschen sich in dem winzigen Badezimmerchen mit kaltem Wasser und fielen noch fast angezogen ins Bett. Unter den grünen Überdecken fand sich sauberes Bettzeug. Gleich darauf waren sie eingeschlafen.

Da es in dem fensterlosen Kellerraum dunkel blieb, schliefen sie lange und wachten erst auf, als Edo das Frühstück hereinbrachte. Nick knipste die dreiarmige Stehlampe an; gähnend setzten sie sich auf. Als Edo das Tablett mit gebratenem Speck, Eiern und Milch niedersetzte, kam Mr. Nemo herein.

»Zephir, Monsun, Passat und Schirokko sind am Ziel«, verkündete Mr. Nemo und rieb sich die weichen, glatten Hände. »Ich hoffe, ich hoffe zuversichtlich, daß euer Vater den Weisungen folgt und meine vier Boten zusammen vom Fabrikdach entläßt. Genau eineinhalb Stunden vor Sonnenuntergang.«

Nick und Betty sahen sich entgeistert an. Sie hatten nicht gewußt, daß die Tauben gleichzeitig und am selben Ort aufgelassen werden sollten. Ihre Botschaften an den Vater hatten ihm ja unmißverständlich bedeutet, die Tauben von vier verschiedenen Plätzen aus fliegen zu lassen!

»Ich habe einen Kollegen – oder sagen wir, einen Verbündeten oder Gewährsmann – in der Firma eures Vaters, der darüber wacht, daß keine fauligen Tricks versucht werden«, teilte Mr. Nemo mit. »Ich hoffe es jedoch nicht.«

»Es heißt faule Tricks«, sagte Betty. »Und ich glaube bestimmt, daß Papa alles so macht, wie Sie es wünschten.«

»Das werden wir sehen«, sagte Mr. Nemo. Sobald er und Edo gegangen waren, berieten sich die Zwillinge flüsternd.

»Stell dir bloß vor, es kommt ein Anruf für Mr. Nemo, daß Papa nicht nach Vorschrift handelt«, meinte Betty.

»Auf Paps können wir uns verlassen. Aber trotzdem wollen wir es auch mit meinem Plan versuchen.«

»Und was wäre das?«

»Das siehst du dann schon – warte nur, bis wir gegessen haben und Edo die Teller abgeräumt hat.«

Mehr wollte Nick nicht sagen, und das machte die Sache äußerst spannend. Sobald Edo das Frühstücksgeschirr weggebracht hatte, schritt Nick zur Tat. Im Badezimmer war ein winziger Spiegel. Nick zerbrach ihn mit dem Schuhabsatz und nahm achtsam einen langen, scharfen Splitter heraus. Dann zog er die Leintücher von beiden Liegen, und Betty mußte die Decken wieder darüberziehen, so daß die Betten wie gemacht aussahen.

Nun begann die zeitraubende und schwierige Arbeit, die Bettücher mit Hilfe des scharfen Glassplitters in etwa handbreite Streifen zu schlitzen. Als alle Tücher zu Streifen verarbeitet waren, sagte Nick zu Betty: »Jetzt drehen wir Stricke daraus. Das kannst du besser, also ist das eine Arbeit für dich. Ich werde Tischtennis spielen. Dann hören sie den Ball und schöpfen keinen Verdacht.«

Nach anfänglichem Protest machte sich Betty daran, aus den geschnittenen Streifen vier Seile zu drehen, jedes etwa zwei Meter lang. Nick schlug den Ping-Pong-Ball vom Tisch an die Betonwand, von wo er zurückprallte. Es hörte sich an, als spielten zwei.

Als sie Edo mit dem Mittagessen kommen hörten, versteckten sie Stoffstreifen und angefangene Stricke unter einer Liege und taten so, als seien sie müde vom Spielen. Edo warf ihnen nur einen Blick zu und grunzte etwas, offenbar ahnungslos. Sobald er das Geschirr wieder hinausgetragen hatte, machten sie weiter.

»Bei dir geht es zu langsam«, kritisierte Nick. »Ich muß dir wohl helfen.«

»Die Idee ist ja auch von dir«, erinnerte ihn Betty.

Zusammen drehten sie vier ziemlich feste Stricke, jeweils zwei Meter lang. Dann knüpfte Nick eine laufende Schlinge in ein Ende jedes Stricks. Nach Bettys Urteil sahen sie großartig aus, aber Nick verzog unzufrieden das Gesicht.

»Das taugt nichts«, sagte er. »Es klappt nicht.«

»Was klappt nicht?« fragte Betty. Nick hatte ihr seinen Plan noch immer nicht erklärt.

»Wir sind nicht stark genug, um mit zwei erwachsenen Männern fertig zu werden«, sagte Nick. »Und außerdem sind sie zu kurz.«

»Aber was können wir tun?« Betty merkte, wie unbedingt sie Nicks Idee schon vertraut hatte, was sie auch sein mochte.

Nick sah noch ratloser drein. Dann strahlte er.

»Ich hab's!« rief er. »Ich habe gerade eine noch nie dagewesene Waffe entdeckt. Das ist die erste neue Anwendungsart für ein Seil seit der Erfindung des Lassos!«

Betty hielt das für ziemlich handfeste Aufschneiderei, aber das sprach sie nicht aus. Nick nahm zwei Stricke und knüpfte die freien Enden zusammen. Das gleiche tat er mit den anderen beiden Stricken. Damit hatte er zwei Stricke, jeder etwa zwei Meter lang und mit zwei Schlingen – einer an jedem Ende.

»Das Lasso mit der Doppelschlinge!« sagte er.

»Wenn wir nicht stark genug sind, um mit vier Stricken gegen Edo und Mr. Nemo anzukommen«, sagte Betty, »dann begreife ich nicht, wieso wir es mit zwei schaffen sollten.«

»Das kommt schon noch«, versprach Nick. »Oh – da kommt Mr. Nemo. Schnell weg mit den Stricken!«

Sie konnten die Stricke gerade noch unter die Liege schieben. Mr. Nemo trat mit ernstem Blick ein.

»Ich habe soeben einen Anruf von meinem Freund in der Firma eures Vaters bekommen«, berichtete er. Nick und Betty warteten mit klopfendem Herzen.

»Er sagt« – Mr. Nemo machte eine Pause –, »daß euer Vater Zephir, Monsun, Passat und Schirokko gerade vom Fabrikdach freigelassen hat, und daß sie hierher unterwegs sind. Sie müßten in knapp einer Stunde hier sein.«

»Ich sagte Ihnen ja, daß Papa es richtig machen würde«, sagte Betty.

»Abendessen gibt es vorläufig nicht. Ich habe nun sehr viel zu tun. Sobald meine Boten eintreffen, müssen wir fort.«

»Fort?« fragte Nick. »Wohin denn?«

»An einen anderen Ort, wo ich ein kleines Laboratorium habe. Ich muß das Rezept selbstverständlich ausprobieren. Oh, ich hoffe sehr, daß es das richtige ist.« Mr. Nemo schnalzte mit der Zunge und ging hinaus.

»Papa schickt doch das richtige Rezept, meinst du nicht auch?« fragte Betty. Ihr Bruder nickte.

»Natürlich. Aber wir müssen trotzdem bereit sein. Paß auf: um uns in den Lastwagen zu verfrachten, sind sie beide nötig, und wenn sie nun hereinkommen, müssen wir so vorgehen –«

Er erzählte flüsternd von seinem Vorhaben, und Bettys Augen wurden immer größer. Es gehörte zwar zu dem Plan, daß sie den silbernen Glücksanhänger von ihrem Armkettchen opferte, aber sie ließ ihn sich ohne Widerspruch abnehmen.

Nick schraubte eine Glühbirne aus der dreiarmigen Stehlampe und steckte das Silberstückchen in die Fassung. Dann schraubte er die Birne wieder ein, jedoch nur ganz locker.

Als nächstes holte er die beiden Stricke mit den Schlingen hervor und breitete sie der Länge nach aus; dann schob er sie wieder unter die Liege, auf der er mit Betty saß, so daß sie die Stricke rasch hervorziehen konnten. Danach warteten sie mit wachsender Unruhe, bis sie irgendwo über sich ein Glöckchen anschlagen hörten. Im nächsten Augenblick klingelte es nochmals.

»Das ist ein Signal«, flüsterte Nick. »Zwei Tauben sind im Schlag auf dem Dach angekommen. Edo und Mr. Nemo müssen jetzt jeden Moment hier sein.«

Nach nicht ganz fünf Minuten öffnete sich die Tür, und die beiden Männer traten ein.

»Kommt mit, Kinder«, sagte Mr. Nemo. »Zephir und Passat sind zurück. Wir haben zwei Mikrofilm-Kopien von dem wunderbaren Rezept eures Vaters. Nun können wir gehen.«

»Wir kommen nicht mit«, sagte Nick.

»Wir möchten lieber hierbleiben«, setzte Betty hinzu.

»Da!« grunzte Edo. »Ich sage doch, sie machen uns Schwierigkeiten. Aber ich mach' das schon.«

»Nicht so grob, Edo«, sagte Mr. Nemo, als die beiden Männer auf die Liege zugingen, wo Nick und Betty saßen. »Nimm den Jungen. Ich bringe das Mädchen zum Wagen.«

»Komm schon, Junge!« Edo stand vor Nick und streckte die langen Arme aus. Aber Nick war nicht mehr da. Er duckte sich und griff nach einem Seilende unter der Liege. Dann sprang er dicht vor dem überrumpelten Mann hoch, warf Edo die offene Schlinge über den Kopf und zog zu.

»Schnell, Betty!« rief er und bückte sich nach dem zweiten Strick.

Betty arbeitete so reibungslos mit, als hätten sie stundenlang geübt. Sie hielt das andere Ende des ersten Stricks, und als Mr. Nemo Nick und Edo entgeistert anstarrte, sprang sie los, ließ ihre Schlinge über Mr. Nemos Kopf fallen und zog das Seil an.

Die beiden Männer waren somit – obwohl sie es noch nicht bemerkt hatten – mit demselben Strick gefesselt, und die beiden Schlingen würden sich immer fester zuziehen, je heftiger sie voneinander loszukommen strebten.

Edo war zunächst nicht behindert. Er brüllte vor Wut und versuchte nochmals, Nick zu packen. Aber Nick kniete mit dem zweiten Strick am Boden. Als Edo einen seiner großen

Füße hob, streifte Nick die Schlinge darüber und zog sie um den Knöchel fest. Edo drehte sich mit wildem Gegrunze um. Dabei zerrte er natürlich an dem Strick, der ihn und Mr. Nemo an den Hälsen aneinanderkettete.

Der plötzliche Ruck im Genick riß Mr. Nemo zu Boden. Er quiekte wie ein verängstigtes Ferkel. Betty legte die andere Schlinge um eines seiner Beine. Und während Edo an dem Strick um seinen Hals riß, wobei der kleine dicke Mr. Nemo jedesmal einen heftigen Ruck abbekam und noch lauter kreischte, sprang Nick auf die Füße.

Er lief zur Lampe und schraubte die locker eingesetzte Glühbirne fest auf das Silberstückchen in der Fassung.

Es gab ein Zischen, und plötzlich wurde es im Keller und im Erdgeschoß des Hauses finster – der Kurzschluß in der Lampe hatte eine Sicherung durchgebrannt. Der Raum war nun stockdunkel.

»Betty – die Tür!« rief Nick.

Sie hatten sich beide genau gemerkt, wo die Tür war, und stürzten geradewegs darauf zu. Es krachte dumpf, als Edo, der kopflos in der Dunkelheit umhertappte, auf Mr. Nemo fiel. Nick stolperte über die beiden, entging aber den nach ihm greifenden Händen und kroch auf allen vieren zur Tür, wo er gegen Bettys Beine prallte.

Er stand auf. Hinter ihnen wälzten sich die beiden Männer am Boden, mühten sich verzweifelt, aus den Schlingen freizukommen, und merkten im Dunkeln nicht, daß jeder am anderen verankert war und daß jede Bewegung des einen den anderen in seinem Freiheitsdrang hinderte.

Nick und Betty tasteten sich aus dem Raum, schlossen die Tür hinter sich und riegelten ab. Draußen horchten sie einen Augenblick auf das Gepolter und Geschrei der beiden aneinandergefesselten Männer.

»Nick, eine herrliche Erfindung«, flüsterte Betty.

»Wir wären nicht mit ihnen fertig geworden«, gab Nick zurück. »Aber weil wir sie gegeneinander kämpfen ließen, ist uns das erspart geblieben. Komm jetzt, wir müssen die Treppe suchen.«

In der Finsternis tappten sie zur Treppe vor und die Stufen hinauf. Im Erdgeschoß ließen die Fenster genügend Licht ein, so daß sie ihre Umgebung erkennen konnten. Sie stürzten zur Haustür, und im nächsten Augenblick standen sie auf der Straße, vor sich Reihen niedriger Ziegelbauten und das unvertraute Bild einer fremden Stadt gegen den Himmel.

Als sie noch dastanden, fuhr eine dichtbesetzte Limousine mit hoher Geschwindigkeit heran und hielt. Im Zweifel, ob Feind oder Freund sie erwartete, waren Nick und Betty schon sprungbereit, als sich eine hochgewachsene, vertraute Gestalt herausschwang.

»Nick!« rief der Mann. »Betty!«

»Paps! . . . Papa!« Freudig liefen sie ihm entgegen.

Sobald sie ihr Staunen und ihre Erleichterung gemeistert hatten, berichteten die Zwillinge ihrem Vater von Edo und Mr. Nemo im Keller. Ohne Zögern nahmen die anderen Männer im Wagen ihre Taschenlampen und gingen hinunter.

»Passen Sie aber auf«, sagte Betty. »Ich fürchte, Edo ist jetzt ziemlich wild.«

»Ich hoffe nur«, fügte Nick gedankenvoll hinzu, »daß er mit seinem Gestrampel Mr. Nemo nicht den Hals gebrochen hat.«

Die Geschichte hat sich bereits so sehr ihrem Ende genähert, daß es mir völlig unnötig erscheint, mich einzumischen und euch zu fragen, wie es kam, daß Mr. Layton zum genau richtigen Zeitpunkt und am genau richtigen Ort auftauchte. Sicherlich ist es euch inzwischen gelungen, die wirkliche Bedeutung der Nachrichten mit jenem sonderbaren Inhalt zu entziffern. Wenn nicht, so ist es ein Glück, daß Nicks und Bettys Rettung nicht von euch abhing. Auf jeden Fall seien diejenigen, welche – wie Mr. Nemo – unbedingt alles bis aufs i-Tüpfelchen wissen müssen, höflich auf Seite 141 verwiesen, wo das Rätsel sich so einfach löst, daß es selbst ein Erwachsener begreifen kann.

Schluß

»Ach, ich begreife einfach nicht.« Mr. Nemos große braune Augen blickten betrübt und verwirrt. Stirn und Kinn waren mit Heftpflasterverbänden geschmückt, und um den Hals hatte er einen Wickel, den er von Zeit zu Zeit sacht betastete. Er saß in dem von Mr. Layton gemieteten Hotelzimmer steif auf einem Stuhl, vor sich Nick, Betty und den Vater. Ein großer, gutgekleideter Mann bewachte den Ausgang.

»Mein Plan war so klug«, sagte Mr. Nemo. »Alles ging gut. Sie ließen meine Tauben von Ihrer Fabrik aus frei, genau wie ich es vorgeschrieben hatte. Aber Sie standen fast zur gleichen Zeit, wie die Tauben zurückkamen, vor meiner Tür.« Er sah Nick und Betty an.

»Ich verstehe nun, wie ihr Edo und mich aneinandergefesselt habt«, sagte er. »Das war klug . . . aber es war unfreundlich. Ich wollte euch wahrhaftig nichts antun.«

»Oh, wir hatten Vertrauen zu Ihnen, Mr. Nemo«, sagte Nick. »Nur Edo trauten wir nicht. Und auf alle Fälle konnten wir Sie nicht Papas Rezept stehlen lassen, oder? Also haben wir Paps geschrieben, wie er sich und die Kripo von Ihren Tauben direkt zu Ihnen führen lassen konnte.«

»Aber das ist nicht möglich«, protestierte Mr. Nemo. »Vier Tauben kann niemand über fast hundert Kilometer beobachten, unter Tausenden von anderen Vögeln – selbst nicht vom Flugzeug aus.«

»Das haben wir gar nicht erst versucht«, erklärte ihm Mr. Layton. »Als Ihr Beobachter – den Sie doch sicher postiert hatten – Sie anrief und Ihnen sagte, er habe mich vier Tauben vom Fabrikdach freilassen gesehen, merkte er nicht, daß er jemand anderen beobachtet hatte, der als mein Doppelgänger maskiert war. Auch die Tauben waren nicht dieselben. Denn sobald die Tauben und Ihre Anweisungen mit der Nachricht von meinen Kindern eingetroffen waren, gingen die Polizei und ich an die Arbeit. Wir suchten jemand, der mir ähnlich sah, und schmuggelten ihn mit einem Korb Tauben in den Betrieb, damit er sie zur rechten Zeit freilassen konnte. Als das vorbereitet war, machten wir für die richtigen Tauben weitere Pläne. Wir benachrichtigten die Kriminalpolizei und ließen die vier Tauben einzeln von weit auseinanderliegenden Plätzen starten. Sobald sie frei waren, kreisten sie eine Zeitlang, schlugen dann ihre Richtung ein und flogen schnurstracks nach Hause. Dabei stellten Leute mit Ferngläsern und Kompaß die genaue Flugrichtung fest. Sie flogen alle nach Nordwesten, aber aus verschiedenen Winkeln, da sie ja von verschiedenen Punkten ausgegangen waren. Die Flugrichtungen wurden mir und den Kriminalbeamten telefonisch zum nächsten Flugplatz durchgegeben. Mit Bleistift zeichneten wir die vier Luftlinien in eine große Karte ein. Und da natürlich alle vier Tauben auf die Stadt hier zuflogen, schnitten sich die vier Linien im entsprechenden Punkt.«

»Das ist mir klar«, sagte Mr. Nemo. »Die Elementarmethode der Ortsbestimmung. Aber ich weiß nicht, wie Sie in dieser ganzen Stadt ausgerechnet auf mein Haus stießen.«

Mr. Layton lachte leise. »Sobald wir das Ziel festgestellt hatten«, sagte er, »setzten wir uns ins Flugzeug. Einer der Beamten rief den hiesigen Polizeichef an und bat ihn, einen Mann ausfindig zu machen, der wahrscheinlich Ausländer sei und sich Ander oder Anders nenne, der erst kürzlich zugezogen sein müsse und Brieftaubenzüchter sei. Bis wir hier landeten, hatte die Polizei Namen und Anschrift für uns ermittelt. Philip Andres, Mechanische Werkstätte.

»Das war ich«, sagte Mr. Nemo.

»Wir fuhren direkt zu Ihrem Haus«, sagte Mr. Layton, »und kamen gerade zurecht, um Nick und Betty an der Tür zu treffen.«

»Und gerade zurecht, um mich vor dem Erwürgtwerden durch Edo zu retten«, sagte Mr. Nemo. »Aber ich kann noch immer nicht begreifen, wie Ihre Kinder Ihnen eine Mitteilung machen konnten. Ich habe die Briefe selbst gelesen. Es waren ganz harmlose, kindliche Briefe.«

»Sie sollten sie nochmals lesen«, sagte Mr. Layton. »Meine Kinder haben Köpfchen, das kann ich mit Stolz sagen.« Er blinzelte Nick und Betty zu. »Jedenfalls werden Sie einige

Jahre Zeit haben, die Nachrichten zu entschlüsseln. Ich werde Ihnen Kopien der Briefe verschaffen, wenn Ihr neuer Aufenthaltsort feststeht. Ich will Ihnen nur einen Hinweis geben: meine Tochter ist gegen Pferde allergisch. Als sie vom Kauf eines Pferdes schrieb, begriff ich natürlich, daß sie damit sagen wollte, ich solle mich nicht um den Wortlaut kümmern, sondern eine versteckte Botschaft suchen, die sie mir zu übermitteln versuchte.«

Mr. Nemo stand auf.

»Danke«, sagte er. »Ich werde ja nun Gelegenheit haben, Ihre Sprache gründlicher zu studieren.«

»Ich weiß ein neues Rätsel für Sie, ehe Sie gehen, Mister Nemo«, sagte Betty. »Was hat zwei Köpfe, vier Augen und vier Beine und kann weder sehen noch gehen?«

Mr. Nemo sah sie betrübt an. »Ich kann die Antwort erraten«, sagte er. »Edo und ich in einem dunklen Keller, von klugen Zwillingen aneinandergefesselt.«

Er stieß einen tiefen Seufzer aus und durchschritt die Tür, die der Wachmann für ihn aufhielt.

»Armer Kerl«, sagte Mr. Layton. »Leider wird er euch nun für elende Verrätsler halten, weil ihr seine Brieftauben zu Locktauben für die Kripo gemacht habt.«

Nick und Betty entschlüpfte ein verblüffter Ausruf. Aber sie konnten es nicht ändern: Nick war Spezialist für Denksportaufgaben und Betty für Rätsel, aber nicht zu schlagen war ihr Vater bei Wortspielen.

Alfred Hitchcock meint: *Es kommt mir so vor, als überließen Nick, Betty und ihr Vater mir die Aufgabe, die in den Briefen der Zwillinge versteckten Botschaften zu entschlüsseln. Natürlich werden die meisten unter euch sie bereits ausgetüftelt haben und diesen Abschnitt überspringen können, aber ich will meiner Pflicht nicht aus dem Wege gehen. Für alle, die nicht von Anfang an bei der Sache waren, werde ich das Ganze*

erklären. Doch blättert erst zurück und lest die von Nick und Betty geschriebenen Briefe nochmals durch, um euer Gedächtnis aufzufrischen. Inzwischen wäre noch zu melden, daß die übrigen Mitglieder von Mr. Nemos kleiner Organisation rechtzeitig gefaßt wurden und gut aufgehoben sind.

Nun zu den Geheimbotschaften. Wie Mr. Layton eigens erwähnte, ist Betty gegen Pferde allergisch. Wenn sie also vom Kauf eines Pferdes spricht und dies mit einer Person in Verbindung bringt, die »unglaublich schwerhörig«, also praktisch eine Taube ist, so liegt es auf der Hand, daß sie etwas ganz anderes meint. Wenn nun wie hier Brieftauben im Spiel sind, wird man mit ein wenig Nachdenken daraufkommen, daß der Gleichklang bei dem Vogel und der Schwerhörigen mit Absicht benutzt wird, Betty also von den Tauben redet.

Eine Taube streckt aber nicht alle viere von sich, und um die Tauben geht es doch ... Was meint Betty eigentlich? Da ist noch der Name des Ponys, »Anemone« – viel zu ungebräuchlich, so daß er jedermann außer einem Ausländer wie Mr. Nemo auffallen müßte. Offensichtlich weiß Mr. Nemo auch nicht, daß » Anemone« das Buschwindröschen ist. »Alle viere« und ein Windröschen – alle vier Winde – oder die Richtungen der Windrose ... Mr. Layton merkt, daß Betty einen Zusammenhang zwischen den Tauben und den vier Himmelsrichtungen herzustellen sucht. Nach kurzem Überlegen begreift er ihren Einfall, die Tauben aus vier verschiedenen Richtungen, das heißt aus genügend großer Entfernung voneinander starten zu lassen und »danach zu sehen«, in welche Richtung sie heimwärts fliegen. Und das tat er auch. Betty verwendete außerdem zweimal das Wort »anders« oder »anderes« in einem etwas zu gesuchten Zusammenhang. Also mußte es irgend etwas bedeuten. Als Mr. Layton dann in Nicks Brief auf die dritte und vierte Wiederholung des Wortes »anders« und den Ausdruck »Mr. Nemo ist gar nicht so« (nämlich »anders«!) stieß, wußte er, daß dies kein Zufall war. Er folgerte daraus, daß die Zwillinge ihm sagen wollten, unter welchem Namen ihr Entführer auftrat. Und da Mr. Nemos Brief offenbar von einem Ausländer stammte, konnte Mr.

Layton, sobald er das Ziel der Tauben kannte, in die betreffende Stadt telefonieren lassen und die Polizei auf die Spur eines Ausländers setzen, der Brieftauben züchtete und Ander, Anders oder ähnlich hieß.

Um noch einen weiteren Hinweis zu geben, lenkte Nick die Aufmerksamkeit seines Vaters noch auf den Satz: »Jessika Russo will es übrigens auch kaufen.« In den beiden ersten Worten, rasch hintereinander gesprochen, verbirgt sich der Name »Ikarus«. Und Ikarus war bekanntlich der fliegende Mensch der griechischen Sage. Wer heute fliegen will – darin werdet ihr mir zustimmen –, setzt sich in ein Flugzeug. Aus Nicks weiteren Worten »also beeil dich« und »wenn Du seinen Weisungen folgst, werden wir nicht lange auf Dich warten müssen« ging eindeutig hervor, daß er seinem Vater empfahl, das Flugzeug zu nehmen, den »Weisungen« der zum Schlag fliegenden Tauben zu folgen und seine Kinder damit zu retten. Natürlich hätte Mr. Layton das geeignetste Verkehrsmittel auch selbst herausfinden können, aber Nick wollte es darauf lieber nicht ankommen lassen.

Ich bin überzeugt, daß die vorstehende Erklärung euch nun alles begreiflich machen wird. Wenn ihr irgendwelche Fragen habt, so lest die Geschichte nochmals, und ich zweifle nicht, daß alles kristallklar erscheinen wird. Nick oder Betty zu fragen, hätte keinen Zweck. Nick experimentiert mit einem Drei-Schlingen-Lasso, und Betty stellt eine Sammlung noch unbekannter Rätsel zusammen. Ich glaube jedoch nicht, daß sie Anklang finden wird – manche haben drei mögliche Lösungen.

Doch mit dem glücklich gelösten »Rätsel der vier Winde« muß ich mich verabschieden. Ich hoffe, unser kleiner Abstecher in die Gefilde der Spannung und des kriminalistischen Scharfsinns hat euch ebensoviel Vergnügen bereitet wie mir. Und ich hoffe zuversichtlich, ihr werdet die Lösungen der Rätsel dieses Buches mit fest verschlossenen Lippen bewahren. Wie ich schon im Vorwort vorgeschlagen habe: Laßt eure Freunde die Antworten auf eigene Faust ausknobeln – laßt sie das Buch selbst lesen!